କଣ୍ଠକଲ୍ଲୋଳ

ଏକ ଅନନ୍ୟ ଯୁଗଳବନ୍ଦୀ

କଳ୍ପକଲ୍ଲୋଳ

ଏକ ଅନନ୍ୟ ଯୁଗଳବନ୍ଦୀ

ଜ୍ୟୋତ୍ସ୍ନା ରାୟ

ସରଯୂ ରଥ

BLACK EAGLE BOOKS
2021

BLACK EAGLE BOOKS

USA address:
7464 Wisdom Lane
Dublin, OH 43016

India address:
E/312, Trident Galaxy, Kalinga Nagar,
Bhubaneswar-751003, Odisha, India

E-mail: info@blackeaglebooks.org
Website: www.blackeaglebooks.org

First International Edition Published by
BLACK EAGLE BOOKS, 2021

KALPA KALLOLA
(Eka Ananya Jugalbandi)
by Authors: **Dr. Saraju Rath**
Leiden, the Netherlands
email: sarajurath@yahoo.com
&
Prof. Jyotsna Roy
Balasore, Odisha
email: jyotsnaroy123@gmail.com
Mob: +91 8763141022

Copyright © **S. Rath & J. Roy**

All rights reserved. No part of this publication may be reproduced, stored in a retrieval system, or transmitted, in any form or by any means, electronic, mechanical, photocopying, recording or otherwise without the prior permission of the publisher.

Cover & Interior Design: Ezy's Publication
 & Dr. Saraju Rath

ISBN- 978-1-64560-205-7 (Paperback)

Printed in the United States of America

ସମର୍ପଣ

ବାଣୀଶ୍ରୀ କରୁଣାକଣ ଜ୍ଞାନ କଳ୍ପଦ୍ରୁମ
ଭାବଗର୍ଭେ ଦୀପ୍ତ ସାରସ୍ୱତ କୁଞ୍ଜବନ
ବିମୋହି ଆପ୍ଲୁତ ଦିବ୍ୟ ପ୍ରସ୍ରବଣ ଝରେ
ଅକିଞ୍ଚନ କବି କଣ୍ଠେ ଶବ୍ଦମୋତି ଫୁଲ୍ଲେ
ବାଗର୍ଥ ରତନେ ଖଞ୍ଜା ପଦ ବରମାଲ୍ୟ
ସମର୍ପେ ପଦକଞ୍ଜରେ ଏ କଳ୍ପକଲ୍ଲୋଳ ।।

- ସରଯୂ

କଳ୍ପକଲ୍ଲୋଳିନୀ ଦେବୀ ଶାରଦାଙ୍କ ଦାନ
ଅପୂର୍ବ ଆହ୍ଲାଦମୟୀ ସାରସ୍ୱତ ଧନ
କୃତାଞ୍ଜଳି ପୁଟେ ବନ୍ଦେ ସେ ଯୁଗ୍ମଚରଣ
କୃପାକର କୃପାମୟୀ ମୁହିଁ ଅକିଞ୍ଚନ ।।

ବାଣୀଶ୍ରୀ କୃପାକୈବଲ୍ୟେ ବିଭୋରିତ ମନ
ସାରସ୍ୱତ ସରସୀରେ ହୋଇ ମଜ୍ଜମାନ
ଲଭିଛି କବିତା କୃତି ଶବ୍ଦ ଶତଦଳ
ସମର୍ପେ ପଦାରବିନ୍ଦେ ଏ କଳ୍ପକଲ୍ଲୋଳ ।।

- ଜ୍ୟୋସ୍ନା

ସୂଚୀପତ୍ର

ପ୍ରସ୍ତାବନା (Preface in English) ୧୩
ଅଭିପ୍ରାୟ ୧୫
ଆପଣାରମାନଙ୍କ ପାଇଁ ଦୁଇପଦ ୨୦

କବିତା ଶୀର୍ଷକ

ଅଂଶ ୧ : ରାଗ ଅନୁରାଗ ୨୨
- ❖ **ରାଗ ଅନୁରାଗର ସରଣୀ** ୨୩
  - ମଧୁପ୍ରୀତି ଏ କଞ୍ଜକଲ୍ଲୋଳ ୨୪
  - ଅଢେଇ ଅକ୍ଷର ୨୫
  - ପ୍ରଗଲ୍ଭା ତଟିନୀ ୨୬
  - ମିଳନର ପଦ୍ମବନ ୨୮
  - ସମୟର ସାତସୁର ୩୦
  - ମନପକ୍ଷୀ ୩୨
  - ଅଭଙ୍ଗ ପ୍ରଣୟ ୩୪
  - ତୋ ପାଇଁ ୩୬
  - ପାହାନ୍ତିରାତି ୩୮
  - ପ୍ରୀତିପରିଧି ୪୦
  - ନବସୃଜନ ୪୨
- ❖ **ଅନୁରାଗର କାହାଣୀ** ୪୪
  - ଜୀବନ ଜାହ୍ନବୀ ୪୫
  - ଈର୍ଷାତୁର ଜହ୍ନ ୪୬
  - ତମାଳ କୁଞ୍ଜ ବିହୁନେ ୪୮
  - କିଏ ସିଏ ? ୫୦
  - ପରାଣ ମିତ ୫୨
  - ଥମିଯାଉ ଏ ସମୟ ୫୪
  - ତମେ ଯେବେ ମନେପଡ ୫୬

অংশ ୨ : ভাব অনুভাব ... ୫୮
❖ ভাব প্রবণতা ... ୫୯
  ● কবিতা রূপসী ... ୬୦
  ● মগ্ন মন কোটিএ স্বপ্নরে ... ୬୧
  ● ছুঁইবকি সবুরি অন্তর ! ... ୬୪
  ● কবির রাগিণী ... ୬୬
  ● কাব্য কাদম্বিনী ... ୬୮
  ● কবিতার ছন্দে ছন্দে ... ୭୦
  ● ঝরা সুমন ... ୭୨
  ● পথহরা দিগবধূ ... ୭୪
❖ ভাবে আয়ুয়তা ... ୭୬
  ● কবিতা জাহ্নবী ... ୭୭
  ● কবির কবিতা ... ୭୮
  ● কবিতা কামিনী ... ୮୦
  ● ছলছল কবি স্বর ... ୮୨
  ● শব্দঙ্ক উড্ডাণ ... ୮୪
  ● আকাংক্ষার পদ্মবন ... ୮୬
  ● ছলনার মুখা ... ୮୮
  ● কবির কাকলী ... ୯୦
  ● বিভোর পণ ... ୯୨
  ● চক্রব্যূহ ... ୯୪
  ● জহ্ন আলুঅরে ... ୯୬
  ● তু, মুঁ এবং কবিতা ... ୯୮
  ● এক পাইঁ আন ... ୧୦୦
  ● জীবনর হাট ... ୧୦୨
  ● জীবনর ছবি ... ୧୦୪
  ● জীবনর মহামন্ত্র ... ୧୦୬
  ● সঞ্জীবনী ... ୧୦୮
  ● সময়র গাথা ... ୧୧୦

ଅଂଶ ୩ : ରଙ୍ଗ ତରଙ୍ଗ	୧୧୨
❖ ରଙ୍ଗତରଙ୍ଗରେ କବି	୧୧୩
● ଶେଫାଲି ଗୋ	୧୧୪
● ହୃଦୟର ଗୀତ	୧୧୫
● ଜହ୍ନ ଆଉ ଜ୍ୟୋସ୍ନା	୧୧୭
● କାଳିଆ କାହ୍ନୁର ରଙ୍ଗରେ	୧୧୮
● ବରଷା ଗୋ ତୁମେ	୧୨୦
● କାହିଁ ଗଲା ସିଏ	୧୨୨
● ରୂପସୀ ଗୋ ବହୁରୂପା	୧୨୪
● ଫଗୁଣକୁ ଶେଷ ଚିଠି	୧୨୬
● ସ୍ୱପ୍ନିଳ ସ୍ମୃତି	୧୨୮
● ନିଦାଘ ସମୟ	୧୩୦
● ଶୀତୁଆ ସକାଳ	୧୩୨
● ମନମୟୂରୀ	୧୩୪
● ପଉଷ ରାତି	୧୩୬
● ବସନ୍ତ ଆଗମ	୧୩୮
● ଆସ ଆସ ସଖୀ	୧୪୦
● ସପ୍ତରଙ୍ଗା ରତୁରାଜ	୧୪୨
● ନବବର୍ଷ ନବକିରଣରେ	୧୪୪
❖ ରଙ୍ଗର ଓଢ଼ଣୀ	୧୪୬
● ଶ୍ରାବଣ ଶୃଙ୍ଗାର	୧୪୭
● ସାତରଙ୍ଗା ଫୁଲଝରି	୧୪୮
● ବଇଁଶୀ ବଜାନା କାହ୍ନା	୧୫୦

অংশ ୪ : ସ୍ମୃତି ଅନୁଭୂତି ୧୫୨
  ❖ ସ୍ମୃତି ସିଏ ୧୫୩
     ● ପହିଲି ଭେଟ ୧୫୪
     ● ଅନାବର କୃତି ୧୫୬
     ● ସୁହାଗିନୀ ୧୫୮
  ❖ ସ୍ମୃତି ଏକ ଅନୁଭୂତି ୧୫୯
     ● ସ୍ମୃତି ଏକ କାବ୍ୟରୂପ ତୀର୍ଥ ୧୬୦
     ● ସ୍ମୃତି ଏକ କୁଆଁତାରା ୧୬୧
     ● ବେଗବତୀ ନଦୀ ୧୬୨
     ● କାୟା ସାଥେ ଛାୟା ୧୬୪
     ● ଫୁଲ ସେ ମରୁରେ ୧୬୬
     ● ସାନ୍ତ୍ୱନା ଲଭେ ମାଟି ୧୬୮
     ● ସ୍ମୃତି ସେ ଆକାଶଦୀପ ୧୭୦
     ● ଯକ୍ଷନଗରୀ ରାଜକନ୍ୟା ତୁ ୧୭୨
     ● ସମୟର ଶେଷ ପାହାଚରେ ୧୭୪
     ● ପୁନେଇଁ ରାତି ୧୭୬
     ● ସ୍ମୃତିଦର୍ପଣ ୧୭୮
     ● ସ୍ମୃତିସିକ୍ତ ମୁହୂର୍ତ୍ତ ୧୮୦
     ● ସ୍ମୃତି ସେ ସୁବର୍ଣ୍ଣଲିପି ୧୮୨
     ● ମନଯାଏ ଉଡ଼ି ଉଡ଼ି ୧୮୪
     ● ସପନ କାହିଁକି ଦିଅ ୧୮୬
     ● ମମତାର ମଧୁଅର ୧୮୮
     ● ଯାତନା ବଳୟ ୧୯୦
     ● ଖୋଜୁଥାଏ ତୋତେ ୧୯୨
     ● ଅନ୍ତରଙ୍ଗ ଦିନ ୧୯୪
  ❖ ଅସ୍ତରାଗ
     ● ସଖ୍ୟତା ସ୍ୱାକ୍ଷର ୧୯୭

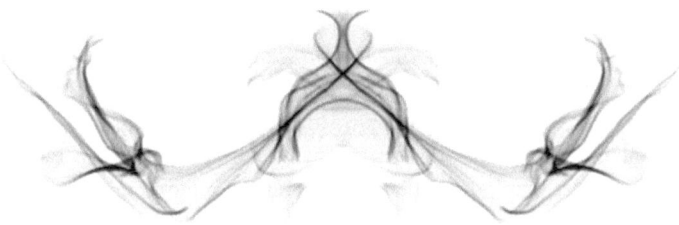

PREFACE

As a Professor of Sanskrit and as an admirer, learner and explorer of Oriya language and literature, I am happy to write a few words by way of preface to this volume of Odia poetry, *Kalpakallola – eka ananya jugalabandi* by Saraju Rath and Jyotsna Roy.

The volume consists of waves (*kallola*) of poetic imagination (*kalpa*) produced in a beautiful and unique (*ananya*) poetic *jugalabandi* or intertwined performance by the two poets, whose personal style of poetry and perception are remarkably matching. The poems are linked through overarching themes and the authors create a poetic dialogue in which the end of one poet's poem is the starting point for the poem of the other who continues in the same emotion, style and word use.

The book is subdivided into four parts, with the titles *Rāga-anurāga*, *Bhāva-anubhāva*, *Raṅga-taraṅga* and *Smṛti-anubhūti*. These titles are untranslatable in all their semantic richness and nuances, but indicative renderings could be given, respectively, as (1) 'passion and affection' ; (2) 'feeling and the expression of this feeling' ; (3) 'waves consisting of the colours of life and nature' ; and (4) 'remembrance and perception'.

The publication of works of literature in Odia such as this volume of Odia poetry is a hopeful sign of interest in promoting and enjoying Odia language and literature, at a time that even in the area of the origin of Odia, there is a need for a more widely shared enthusiasm for maintaining Oriya and making it blossom.

In around 1860, a schoolteacher in Baleshwar, Pandit Kanti Chandra Bhattacharya, wrote a short treatise in Bengali, *Udiya Ekti Swatantray Bhasha Noi (Odia not an independent language)*. This was at that time a wake up call to the young Fakirmohan Senapati and others, after which they became active in fighting for the survival and contributing to the blossoming of the Odia language in Odisha. To a large part thanks to their efforts, the Odia language is now the main language taught in Odisha next to English. Moreover, since a few years Odia is one of only six languages in India that have been recognised by the Indian government as being an independent, ancient and living language, a *prācīna svatantra bhāṣā*, together with Tamil, Telugu, Kannada, Malayalam, and Sanskrit.

At present, it is true that Odia is extensively taught at schools at all levels, but there are also indications for a certain lack of local and international appreciation of Odia, for instance, the fact that the widely used Google Translate App is available for multi-directional translations from and to English and many Indian languages, but until end 2019 it was not available for Odia, and at present it does not contain functions which are found elsewhere such as voice output.

It would further also help learners of Odia from outside Odisha if more learning tools would be available, such as those available for several other Indian languages which are taught at academic level in several universities outside India. For Odia, however, in spite of its recent recognition by the Indian government as an ancient and living language, this is not yet the case.

Odia language and script are the 'mother language' and 'mother script' of both authors of this book. As such, it has become not only a fascinating work for those already familiar with Odia and other ancient languages of Odisha such as Sanskrit and Prakrit, it can also be used to study and explore the rich vocabulary and poetic styles of this fascinating living classical language, Odia.

Prof. Dr. Jan E.M. Houben,
Paris, France

ଅଭିପ୍ରାୟ

କବିତାକଣ୍ଠୀ ଥିଲା ସେଦିନର ବର୍ଷାରାଣୀ। ତା ରିମଝିମ୍ ତାନ ସାଥିରେ ବି ଅଦିନବର୍ଷାର ବେଗ ମନକୁ ବେଶ୍ ଆକର୍ଷିତ କରୁଥିଲା, ଦୁହେଁ ଭିଜୁଥିଲୁ। ହାତରେ ଆମ କାହାର ଛତା ନ ଥିଲା, ତେଣୁ ଅନନ୍ୟୋପାୟ ଓଦା ଜୁଡୁବୁଡୁ ହୋଇ ଦୁହେଁ ଦୁଇନମ୍ବର ଛାତ୍ରୀ ନିବାସର ବନ୍ଦଗେଟ୍‌ର ବାହାରେ ଅପେକ୍ଷା କରୁଥିଲୁ ନିବାସର ଜଗୁଆଳୀ ପାଇଁ, ସେ ଭିତରକୁ ଯାଇ ଚାବି ଆଣି ଖୋଲିବା ଯାଏଁ। ଏମିତି ବିତିଗଲା ମାତ୍ର କେଇମୁହୂର୍ତ୍ତ।

ଦୁହେଁ ଏମିତି ବି ନିଜନିଜ ସ୍ୱଭାବରେ କଳାପ୍ରେମୀ ଥିଲୁ, ପ୍ରକୃତିର ପ୍ରତ୍ୟେକ ଅବସ୍ଥାକୁ ନିରୀକ୍ଷଣ କରି ମୁଗ୍ଧବିଭୋର ହେବା ଥିଲା ଆମର ନିୟତି। ସେତେବେଳେ ବର୍ଷାର ଧାରା ଅବାରିତ ଥିଲା, ଲାଗୁଥିଲା ସତେ ଯେମିତି ତା ହୃଦୟର ନୀରବ ଆର୍ତ୍ତନାଦ ଆକାଶ ଆଖିରୁ ବାରିଧାରାହେଇ ଅଜାଡି ହେଉଛି। ବର୍ଷାର ସଙ୍ଗୀତମୟ ଉପସ୍ଥିତିରେ ହୃଦୟରେ ପଲ୍ଲବିତ ହେଉଥିଲା ପ୍ରୀତିପ୍ରବଣତା, ଦୃଶ୍ୟ ଅଦୃଶ୍ୟରେ ପରସ୍ପର ପାଇଁ ଏକ ଅମୀୟ ଆକର୍ଷଣ ଓ ରାଗରଞ୍ଜିତ ଅନୁରାଗ ସୃଷ୍ଟି ହେଉଥିଲା। ଯେଉଁ ଭାବନାକୁ ବୋଧେ କବିର ଲଳିତଭାଷାରେ ରାଗ-ଅନୁରାଗ କୁହାଯାଇପାରେ ଯାହା ଅଜାଣତରେ ଏବଂ ପରବର୍ତ୍ତୀ ସମୟରେ ଦୁହେଁ ନିବିଡ଼ଭାବରେ ଅନୁଭବିଛୁ।

ହଁ, ଏହା ଥିଲା ୧୯୮୦-୮୧ ମସିହାର କଥା, ଦୁହେଁ ଥିଲୁ ବାଣୀବିହାରର ସଂସ୍କୃତ ବିଭାଗର ସ୍ନାତକୋତ୍ତର ଛାତ୍ରୀ, ଜଣେ (ଜ୍ୟୋତ୍ସ୍ନା ରାୟ) ଷଷ୍ଠବାର୍ଷିକ, ଅନ୍ୟଟି (ସରଯୂ ରଥ) ପଞ୍ଚମବାର୍ଷିକ ଛାତ୍ରୀ। ଆମେଦୁହେଁ କେହି କାହାକୁ ଚିହ୍ନି ନ ଥିଲୁ ଯଦିବା କଦବା କେମିତି ରାସ୍ତାରେ ବା ଆମ ବିଭାଗରେ ସାମ୍‌ନାସାମ୍‌ନି ହେବାର ସମ୍ଭାବନା ଥିଲା, କିନ୍ତୁ ଯୋଗାଯୋଗର ମାହେନ୍ଦ୍ରମୁହୂର୍ତ୍ତ ହୁଏତ ସେପର୍ଯ୍ୟନ୍ତ ପହଞ୍ଚି ନ ଥିଲା।

ତାରି ଭିତରେ ନୀରବତା ଭାଙ୍ଗି ପରିଚୟ ଆଦାନପ୍ରଦାନ କରି ଭଲରେ ଗପିଲୁ ସଂଭ୍ରମତା ସହ। ସେଇ ଅଳ୍ପସମୟର ଅସଜଡା ପ୍ରଶ୍ନ ଉତ୍ତର, ପୁଣି ଦୁଇଟି ଅଚିହ୍ନା ହୃଦୟର, ଆଜି ଭାବୁଛୁ କଣ ବା ଗପିଥିବୁ! ବର୍ଷାମୁଖର ରାତ୍ରିର ଅନ୍ଧାରରେ, ବିଜୁଳିର କ୍ଷଣକ୍ଷଣ ଚମକରେ ଦୁହେଁ ଦୁହିଁଙ୍କୁ ଦେଖି ପାରୁଥିଲୁ, କ୍ରମଶଃ ଲାଗୁଥିଲୁ ଚିହ୍ନା ଚିହ୍ନା। ଶାସ୍ତ୍ର କୁହେ, ସପ୍ତପଦୀରେ ଯଦି ଦୁଇଜଣ ଏକାଠି ସାତପାଦ ଚାଲନ୍ତି ଅଥବା ସାତପଦ ବାର୍ତ୍ତାଳାପ କରନ୍ତି, ସେତିକି ବି ସେଇ ଯୁଗଳବନ୍ଧନକୁ ଘନିଷ୍ଠ କରେ, କିନ୍ତୁ ଆମଦୁହିଁଙ୍କୁ ଲାଗିଲା ଯେ କେଇପଦର କଥାବାର୍ତ୍ତା ଓ ତା ଭିତରେ ଥିବା ନିରୁତା ଭାବନା ଏବଂ ନିଚ୍ଛଳ ଆତ୍ମୀୟତା ହିଁ ଯଥେଷ୍ଟ, ଭାବବନ୍ଧନରେ କୌଣସି ପ୍ରକାରର ବନ୍ଧୁତାପୂର୍ଣ୍ଣ ସମ୍ପର୍କକୁ ନିବିଡତାର ସ୍ପର୍ଶ ଦେଇ ଆଗକୁ ଆଗେଇ ନେବା ପାଇଁ। ଏଇ ତେବେ କଣ ପ୍ରକୃତ ଅର୍ଥରେ ଭାବମିଶ୍ରିତ ଅନୁଭାବ !

ସେଇ ଦିନଠୁ ଆମ ପରିଚୟ ସଙ୍ଗେ ଆରମ୍ଭ ହେଇଥିଲା ଏକ ପ୍ରକାରର ସୌହାର୍ଦ୍ଦ୍ୟପୂର୍ଣ୍ଣସମ୍ପର୍କ, ଅନୁଜା ଏବଂ ଅଗ୍ରଜାର ଶ୍ରଦ୍ଧା, ଆଦର, ସମ୍ମାନର ପରିସୀମା ଭିତରେ। ଉତ୍ ସ୍ଫୁର୍ତ୍ତ ଭାବରେ ଦୁହେଁ କିଛିକିଛି ଲେଖୁଥିଲୁ, ପତ୍ରପତ୍ରିକାରେ ପ୍ରକାଶିତ କରୁଥିଲୁ ଏବଂ ବିଭିନ୍ନ ସାହିତ୍ୟସଭା ଓ କବିସମ୍ମିଳନୀରେ ଯୋଗଦାନ କରିବା ସଙ୍ଗେସଙ୍ଗେ ତତ୍କାଳୀନ ପ୍ରତିଷ୍ଠିତ କବି ଓ ଲେଖକମଣ୍ଡଳୀ ସହ ପରିଚିତ ହେବାର ସୁଯୋଗ ମଧ୍ୟ ପାଇଥିଲୁ। ପରବର୍ତ୍ତୀ କାଳରେ ନିଜନିଜ କର୍ମକ୍ଷେତ୍ରରେ ବ୍ୟସ୍ତ ରହି ପରସ୍ପର ସହ ଯୋଗାଯୋଗ ରଖିବା ସମ୍ଭବ ହେଇ ପାରି ନ ଥିଲା। ତାପରେ ଅନେକ ବର୍ଷର ମାନେ କେଇଯୁଗର ବିରତି ପରେ ପୁଣି ସୌଭାଗ୍ୟବଶତଃ ଦୁହେଁ ଅଚାନକ ଭେଟିଲୁ ମୁଖପୁସ୍ତିକାର କବିତା ଫର୍ଦରେ, ସେଇ ମନ, ସେଇ ଭାବ, ସେଇ ପ୍ରୀତିର ଉଲ୍ଲାସ ନେଇ। ପ୍ରଥମଦିନରୁ ପୁଣି ଥରେ ଆରମ୍ଭ କଲୁ ହାଲକା ଭାବରେ ଉଡିବୁଲୁଥିବା, ଗତାୟୁରୁ ସଞ୍ଚିତ ଏବଂ ପ୍ରଚ୍ଛନ୍ନମନରେ ଲୁକ୍କାୟିତ ହେଇ ରହିଥିବା ଆମ ସ୍ୱପ୍ନକୁ କିଛି ଅଂଶରେ ରୂପଦେବାକୁ। ଆଦାନପ୍ରଦାନ ଚାଲିଲା କବିତାମାଧ୍ୟମରେ, ନିଜପାଖରେ

ଗଚ୍ଛିତ ରଖିଥିବା ସମସ୍ତଭାବନାକୁ ରୂପଦେଲୁ ଶବ୍ଦ ସଙ୍କେତରେ। ସାହିତ୍ୟିକ ଭାବନା ତଥା ମନରେ ଥିବା ପ୍ରେରଣାର ଯୁଗଳମେଳକୁ ପରସ୍ପର ଆଗରେ ଉପସ୍ଥାପନ କରିବା ଏକ ନିତ୍ୟ ନୈମିତ୍ତିକ ଛନ୍ଦ ହେଇଗଲା ଯେମିତି। ଲେଖନୀ ଥିଲା ଦୁହିଁଙ୍କର ପ୍ରାଣପ୍ରାଚୁର୍ଯ୍ୟ, ନୀରବବେଳାର ସାଥୀ, ମନର କୌଣସି ପ୍ରକାରର ଅବ୍ୟକ୍ତ ଆଲୋଡନକୁ କିଛି ଅଂଶରେ ବ୍ୟକ୍ତ କରିବାର ଏକ ମଧୁର ମାଧ୍ୟମ। ଏହା ଥିଲା ଆମପାଇଁ ନିରୋଳା ସମୟର ଏକ ନିବିଡ଼ଛନ୍ଦ, ଯାହା ମନରେ ଆତ୍ମସନ୍ତୋଷ ଭରିଦେଉଥିଲା। କହିବା ବାହୁଲ୍ୟ ଯେ ଏ କବିତାଗୁଚ୍ଛକୁ ପ୍ରକାଶିତ କରିବାର ଆମ ଲକ୍ଷ୍ୟ, ଇଚ୍ଛା ପରିଧିରୁ ବେଶ୍ ଦୂରରେ ଥିଲା ସେଦିନ।

ଦୁହିଁଙ୍କ ଭାବନାରେ ଥିଲା ସାମ୍ୟତା, ସାଥେସାଥେ ସୌମ୍ୟ ବିଷମତା ବି। ନୈସର୍ଗିକ ଐଶ୍ୱର୍ଯ୍ୟ ନାନାବିଧ ରୂପନେଇ ଆକୃଷ୍ଟ କରୁଥିଲା ଦୁହିଁଙ୍କୁ। ଜଣଙ୍କୁ ବର୍ଷାର ମୋହିନୀ ରୂପ, ଚଳଚଞ୍ଚଳ ଗତି, ଛଳଛଳ ସ୍ୱର ଅଧିକ ପ୍ରିୟ ଥିଲା ତ ଆନଙ୍କୁ ଶରତର ମୃଦୁସ୍ପର୍ଶ, ରୂପାଜହ୍ନର ଝଲକ, ପାର୍ବଣର ଗହଗହ ସ୍ୱନ। ଏକର ମାନସକକ୍ଷରେ ଶୃଙ୍ଗାରରସସିକ୍ତ ଅବିରବୋଳା ରାଈର ଚନ୍ଦ୍ରାନନ ଆଉ ବକୁଳକୁଞ୍ଜରେ ପ୍ରଣୟ ରାସରେ ମଗ୍ନ ଗୋପଲଳନା ଦିଶୁଥିଲେ ତ ଅନ୍ୟଟିର କର୍ଣ୍ଣରେ ଅହରହ ପ୍ରତିଧ୍ୱନିତ ହେଉଥିଲା କାହ୍ନାର କରୁଣରସ ବିଜଡ଼ିତ ବେଣୁସ୍ୱନ ଆଉ ବିରହବିଧୁର ଗୋପାଙ୍ଗନା। ଜଣଙ୍କୁ ମୁଗ୍ଧ କରୁଥିଲା ବସନ୍ତର ଫୁଟନ୍ତସୁମନ ତ ଆରଜଣଙ୍କୁ ଲୁବ୍ଧ କରୁଥିଲା ଶୀତର ପ୍ରାବଲ୍ୟରେ ତନୁମନ ଲୋଡୁଥିବା ମୃଦୁଳ ଉଷ୍ଣତା। ଗୋଟିଏ ସଖୀ ବିଭୋର ଥିଲା ପ୍ରାଚୀଦିଗନ୍ତର ସିନ୍ଦୁରୀସୁଷମା ସ୍ଫୁରିତ ସମ୍ମୋହିନୀ ଆଭା ପାଇଁ ତ ଅନ୍ୟଟିର ମନ ଉଡିଯାଉଥିଲା ଦୂରନ୍ତ ନିରଭ୍ର ନିଳିମାର ନିରୁତା ନୀଳରଙ୍ଗକୁ ନୟନଭରି ଉପଭୋଗ କରିବାକୁ। ଦୁହେଁ ଥିଲୁ ନିଶ୍ଚିତମନା, ମନନ ଓ ଲେଖନରେ ମଗ୍ନା। ଋତୁଚକ୍ରର ବିବିଧତା, ଇନ୍ଦ୍ରଚାପର ମନମୋହିରଙ୍ଗ, ପ୍ରକୃତିର ଚାରୁସୌନ୍ଦର୍ଯ୍ୟ, ସାଥେସାଥେ ନବରସର ବୈଭବ ଦୁହିଁଙ୍କ ମନକୁ ବିଦଗ୍ଧବିଭୋର କରୁଥିଲା। ଦୁହିଁଙ୍କ ମାନସପଟ୍ଟରେ ଲେପିହେଇଥିଲା ରଙ୍ଗପ୍ରାଚୁର୍ଯ୍ୟ, ଲେଖନୀ ରୂପଦେଉଥିଲା ହୃଦୟ ଗୁଣୁଗୁଣାଉଥିବା ତରଙ୍ଗାୟିତ କୁଳୁକୁଳୁ ସଙ୍ଗୀତକୁ। ଏହାହିଁ ଥିଲା ରଙ୍ଗତରଙ୍ଗର ସାଙ୍କେତିକ ଚିହ୍ନ ଏ ସାରସ୍ୱତ ଅର୍ଘ୍ୟ ପାଇଁ।

ଦୀର୍ଘ କେଇଯୁଗର ବ୍ୟବଧାନ ପରେ ଯେତେବେଳେ ଭେଟିଲୁ, ସହୃଦୟତାର ସେଇ ସଂଯୋଗ କେଜାଣି କାହିଁକି ବିଧିଲିଖିତ ଲାଗିଲା। ପ୍ରାୟ ପ୍ରତିଦିନ କିଛି ନା କିଛି ଗପୁଥିଲୁ। ସେତେବେଳ ଯାଏଁ ମନରେ ବାନ୍ଧିହେଇ ଘର କରିଥିଲେ ଅନନ୍ତ ସ୍ମୃତିରାଶି, ସ୍ୱକୀୟ ଅନୁଭୂତିର ଅମାପ କାହାଣୀରାଜି। ଅତୀତର ମୁହୂର୍ତ୍ତମାନେ ମିଶ୍ରିତ ଥିଲେ ହେଁ

ସୁଖଦ ଅନୁଭୂତି ସବୁ ମନରେ ଆଲୋଡନ ସୃଷ୍ଟି କରୁଥିଲେ, ବାହାରକୁ ବାହାରି ପଡିବାର ମାଧ୍ୟମ ଖୋଜୁଥିଲେ। ଦୁହେଁ କିଛି ଉତ୍ତର, ପ୍ରତ୍ୟୁତ୍ତରରେ କବିତା ମାଧ୍ୟମରେ ଆଳାପ କଲାବେଳେ ଭାବିଲୁ ଭଲହୁଅନ୍ତା ଯଦି ଏ ନିର୍ଜୀବ ପୃଷ୍ଠାରେ ସଜୀବ ଭାବନାମାନେ ଚେତନାର ରୂପ ପାଇଯାଆନ୍ତେ, ତେବେ ଆମ ସ୍ମୃତି ଓ ଅନୁଭୂତିର କଥନିକୁ ନ୍ୟାୟ ମିଳିପାରନ୍ତା। ଭାବନା ବିଜଡ଼ିତ, ସୁଖ ଦୁଃଖ ସମ୍ମିଶ୍ରିତ, ବାସ୍ତବତା ସହ ଖାପଖୁଆଇ ବିତେଇଥିବା ଅସରନ୍ତି ଅଙ୍ଗେ ଲିଭେଇବା କଥାସବୁ ପଦ ସହ ପଦ, ତାଳ ସାଥେ ତାଳ, ଛନ୍ଦ ସଙ୍ଗେ ଛନ୍ଦ ମିଶି କବିତାରୂପରେ ନିଜକୁ ଖୋଲିବାକୁ ତୀବ୍ର ଇଚ୍ଛା ପ୍ରକାଶ କରିଛନ୍ତି। ଆମେଦୁହେଁ ସେ ସବୁକୁ ଅଳ୍ପେ ବହୁତେ ଶବ୍ଦକୁସୁମରେ ଗୁନ୍ଥି ଏ ପୁସ୍ତକରେ ଏକାକାର କରିବାର ପ୍ରୟାସ କରିଛୁ।

ଉପରୋକ୍ତ ଭାବନାରାଜି ଓ କଳ୍ପନାରେଖାମାନଙ୍କୁ ଦୃଷ୍ଟିକୋଣରେ ରଖି ଏ ଯୁଗଳବନ୍ଦୀ ପୁସ୍ତକର ବିଷୟବସ୍ତୁକୁ ଚାରିଭାଗରେ ସଜାଯାଇଛି, ଯଥା:

- ରାଗ ଅନୁରାଗ
- ଭାବ ଅନୁଭାବ
- ରଙ୍ଗ ତରଙ୍ଗ
- ସ୍ମୃତି ଅନୁଭୂତି

କବିତା ଭିତରେ ବିବିଧତାର ପରିପ୍ରକାଶ ପାଇଁ କିଛି ଭିନ୍ନ ଧରଣର ଶବ୍ଦ- ସଜ୍ଜା କରାଯାଇଛି। ସରଳ ଭାବ ଓ ଶବ୍ଦବିନ୍ୟାସ ସହ ସାଧୁଶବ୍ଦର ପ୍ରୟୋଗ ମଧ୍ୟ ହେଇଛି। ମୁଖ୍ୟତଃ ଜଣକ ଦ୍ୱାରା ଲିଖିତ ପ୍ରତିଟି କବିତାର ଶେଷପଂକ୍ତି ବା ଶେଷଶବ୍ଦ ଅନ୍ୟ ଜଣକର ପ୍ରାରମ୍ଭ ଶବ୍ଦ ବା ପଦଭାବେ ବ୍ୟବହାର କରି ଲେଖାକୁ ଆଗକୁ ନିଆଯାଇଛି। ଦୁଇଜଣ ଯାକ ଚେଷ୍ଟା କରିଛୁ ପରସ୍ପରର ପ୍ରାରମ୍ଭିକ ଭାବନାପ୍ରବାହକୁ ସମ୍ମାନ ଦେଇ, ସ୍ଥିରତା ବଜାୟ ରଖି କବିତାର ଉତ୍ତରାର୍ଦ୍ଧକୁ ପରିସମାପ୍ତିର ଏକ ଯୋଗ୍ୟ ରୂପ ଦେବାପାଇଁ। କେଉଁଠି ପ୍ରତିଧାଡିର ପ୍ରାରମ୍ଭ ଗୋଟିଏ ଅକ୍ଷରରେ ଅଛି ତ କେଉଁଠି ପ୍ରତିଧାଡିର ଶେଷଶବ୍ଦ ପରବର୍ତ୍ତୀଧାଡିର ପ୍ରଥମଶବ୍ଦ ଭାବେ ବ୍ୟବହୃତ ହେଇଛି, ଯଦିବା ଭାବନାର ପ୍ରବାହ ଅବ୍ୟାହତ ଅଛି। ଏତଦ୍ ବ୍ୟତୀତ ଚେଷ୍ଟାକରିଛୁ ଦୁହେଁ ପ୍ରତ୍ୟେକ କବିତାକୁ ଲେଖନୀ ମାଧ୍ୟମରେ ଆମ ବାସ୍ତବଭାବନାର ରୂପ ଦେଇ, ସ୍ୱପ୍ନର ରଙ୍ଗ ମାଖି, କଳ୍ପନାର ଭୂଷଣରେ ସଜାଇ କବିତାକାମିନୀଟିକୁ ମୂର୍ତ୍ତୀମନ୍ତ କରିବା ପାଇଁ।

ଏକ ସରମୀଲତିକା ଯେପରି ଏକ ବିଶାଳତରୁରେ ନିଜକୁ ଅନାୟାସରେ ଜଡାଇଧରେ, ସେମିତି ହୃଦୟରୂପୀ ଉପବନର ଭାବତରୁରେ କବିତାରୂପକ ଲତା ନିଃସଂକୋଚରେ ଆଗକୁ ମାଡି ବିକାଶୋନ୍ମୁଖୀ ହୁଏ। ଅନ୍ତରର ଭାବନାକୁ ସଠିକ୍ ଭାବେ ଉପଯୁକ୍ତ ଶବ୍ଦ ବିନ୍ୟାସ ଦ୍ୱାରା ରୂପ ଦେବାପାଇଁ ମନ ଭିତରେ ଖେଳୁଥିବା ରାଗ ରଞ୍ଜିତ ଅନୁରାଗ, ଭାବଭରା ଅନୁଭାବର ସମନ୍ୱୟତା, ସ୍ୱତଃ ସୃଷ୍ଟି ହେଉଥିବା ବହୁବିଧ ରଙ୍ଗର ଅନାହତ ତରଙ୍ଗ ସହ ନିଜର ବହୁମୂଲ୍ୟ ସ୍ମୃତି ସମ୍ବଳିତ ଅନୁଭୂତିକୁ ଏକତ୍ର କରି ସଜେଇଛୁ ଏ ଯୁଗ୍ମ ସାରସ୍ୱତ ଅର୍ଘ୍ୟ।

କଳ୍ପନାସାଗରର ଏକ ମହାସ୍ରୋତ, ଏକ ବିଶାଳ ଲହରୀ, ସମୟେ ସମୟେ ଅନାବର, ଆନ୍ଦୋଳିତ ହୃଦପ୍ରକୋଷ୍ଠକୁ ଛୁଇଁଯାଏ ପ୍ରକର୍ଷରୂପରେ। ମାନସପଟରେ ସଞ୍ଚିତ ଆବେଗର ଏକ ତରଙ୍ଗାୟିତ ଆଲୋଡନ, ସ୍ୱପ୍ନାବିଷ୍ଟ ତଥା ଆନନ୍ଦମୟ, ଏକ ଅବ୍ୟକ୍ତ ଭାବନାର ଶବ୍ଦମାଧ୍ୟମରେ ପରିପ୍ରକାଶ ହେଉଛି ଏଇ ମାନସପୁତ୍ରୀ କଳ୍ପକଲ୍ଲୋଳ, ଏକ ଅନନ୍ୟଯୁଗଳବନ୍ଦୀ। ଆଶା ଓ ବିଶ୍ୱାସ ଯେ ପ୍ରେରଣାର ଉତ୍ତୁଙ୍ଗ ଉତ୍ସରୂପୀ ଆମ ରସିକ ପାଠକବର୍ଗ ଏ ଅର୍ଘ୍ୟକୁ ଆଗ୍ରହରେ ସ୍ୱୀକାର କରିବେ।

ଅକ୍ଷୟ ତୃତୀୟା, ୨୦୨୧

ସରଯୂ ଓ ଜ୍ୟୋତ୍ସ୍ନା

ଆପଣାରମାନଙ୍କ ପାଇଁ ଦୁଇପଦ

ଏମିତି ତ 'ଧନ୍ୟବାଦ' ଏକ ସରଳ ଓ ସଂକ୍ଷିପ୍ତ ଶବ୍ଦଟିଏ, କହିବାକୁ ଗଲେ ଏ ଶବ୍ଦଟି ସମ୍ବନ୍ଧ ଭିତରେ କେତେବେଳେ ଦୂରତା ବୋଧକରାଏ ତ କେତେବେଳେ ନିକଟକୁ ଆଣିବାରେ ସାହାଯ୍ୟ ବି କରେ। କେତେବେଳେ ଏଇ ଛୋଟଶବ୍ଦଟିରେ ଆପଣାପଣ ଭରିଯାଏ ତ କେତେବେଳେ ଏଇ ଶବ୍ଦଟିର ଅନୁପସ୍ଥିତି ଏକ ଶୂନ୍ୟତା ସୃଷ୍ଟି କରେ।

କୌଣସି କୃତିର ପ୍ରାରମ୍ଭ ପାଇଁ ଲେଖକ ବା କବିକୁ ଯେତିକି ଜ୍ଞାନାଲୋକ ଦରକାର, ତତୋଧିକ ଉତ୍ସାହ ପ୍ରାପ୍ତି ପାଇଁ ଅଦୃଷ୍ଟଶକ୍ତିର ବରଦଆଶିଷ ବ୍ୟତୀତ ଶୁଭାକାଂକ୍ଷୀମାନଙ୍କର ଶୁଭକାମନାର ବିଶେଷ ଆବଶ୍ୟକତା ପଡେ। ପ୍ରଚ୍ଛଦପଟର ଅନ୍ତରାଳରେ ହେଉ ନା କାହିଁକି ସକାରାତ୍ମକ ପ୍ରେରଣାର ସ୍ତମ୍ଭ ସ୍ୱରୂପ ଆମ ଏ 'କଜ୍ଜ କଲ୍ଲୋଳ' ପଛରେ ବି କେଇଜଣ ସୁହୃଦୟ ବ୍ୟକ୍ତି ଅଛନ୍ତି, ଯେଉଁମାନଙ୍କ ପାଖେ ଏ ମନ ଚିରଋଣୀ।

ଏ ବହିଟିର ସମ୍ପାଦନା କଲାବେଳେ ବିଶେଷ ଅବଧି ରଖିବାକୁ ପଡିଥିଲା। ପ୍ରତି ସପ୍ତାହରେ କେଇ ଘଣ୍ଟା ଆମ ଦୁହିଁଙ୍କୁ ଫୋନ ମାଧ୍ୟମରେ ଆଠ ହଜାର କିଲୋମିଟରର ଦୂରତା ଅତିକ୍ରମ କରିବାକୁ ପଡୁଥିଲା କାଗଜ କଲମ ସହ। ଦୈନନ୍ଦିନ କାର୍ଯ୍ୟକ୍ରମଭିତରେ ସମସ୍ତ ସୁବିଧା ଅସୁବିଧାକୁ ସହଜରେ ଆଦରି ନେଇ, ସମୟ ସହ ସମ୍ପୂର୍ଣ୍ଣ ସହଯୋଗ ଦେଇ ଆଗକୁ ବଢିବାର ସତତ ପ୍ରେରଣା ତଥା ଉତ୍ସାହ ଦେଇଥିଲେ ଇଂରାଜୀ ତଥା ଓଡିଆ ସାହିତ୍ୟାନୁରାଗୀ ଆଡ଼ଭୋକେଟ୍ ଶ୍ରୀ ଚନ୍ଦ୍ରଶେଖର ମହାପାତ୍ର (ଜ୍ୟୋସ୍ନା ରାୟଙ୍କ ସହଧର୍ମୀ ଓ ଜୀବନସାଥୀ)। ସୁଚିନ୍ତିତ ସୁପରାମର୍ଶ ଏବଂ ଅମୂଲମୂଲ ସମୟୋପଯୋଗୀ ଏଇ ସାହାଯ୍ୟପାଇଁ ମନଃପୂର୍ବକ କୃତଜ୍ଞତା ଆମର।

ଅନେକଦିନ ଧରି କବିତା ମାଧ୍ୟମରେ ଆମ ଭିତରେ ଚାଲିଥିବା ଭାବର ଆଦାନପ୍ରଦାନ ଥିଲା ଏକ ନିତ୍ୟ ନୈମିତ୍ତିକ ଛନ୍ଦ, ଯେଉଁଥିରେ ଏ ଯାଏଁ ଦୁହେଁ

ତଲ୍ଲୀନ ଥିଲୁ। ଏହାକୁ ନିର୍ଦ୍ଦିଷ୍ଟସମୟର ଅନ୍ତରେ ପାଠକ ସମ୍ମୁଖକୁ ଆଣିବାର ବିଶେଷ ଆବଶ୍ୟକତା ଅଛି, କାରଣ ପାଠକଦ୍ଵାରା ପାଇବା ପ୍ରଶଂସା ସହ ସେମାନଙ୍କ ଟୀକା ଟିପ୍ପଣୀ ଇତ୍ୟାଦି କବି ବା ଲେଖକକୁ ବିକାଶୋନ୍ମୁଖୀ, ସଜାଗ କରାଏ ପରବର୍ତ୍ତୀ କୃତି ପାଇଁ, ଏ ଦିଗରେ ବିଶେଷ ପ୍ରେରଣା ତଥା ମୁଦ୍ରଣ ପାଇଁ କାମେରା ରେଡି କପି ତିଆରି କରିବାରେ ଉଚିତ ମାର୍ଗଦର୍ଶନ ଦେଇଛନ୍ତି ପ୍ରଫେସର ଡ. ୟନ୍ ହୁବେନ୍ (Prof. Dr Jan Houben, EPHE, at Sorbonne University Paris, ସରଯୂ ରଥଙ୍କ ସହଗାମୀ ଏବଂ ଜୀବନସଙ୍ଗୀ)। ତାଙ୍କର ଏ ସମୟନିରପେକ୍ଷ ସାହଚର୍ଯ୍ୟ ତଥା ଆନ୍ତରିକତା ପାଇଁ ଏ ମନ ସର୍ବଦୈବ କୃତଜ୍ଞ ରହିବ।

ଏତଦ୍ ବ୍ୟତୀତ ବର୍ତ୍ତମାନର ମିଡିଆ ଅର୍ଥାତ୍ ଫେସ୍ ବୁକ୍, ହ୍ଵାଟସ୍ ଅପ୍ ଇତ୍ୟାଦି ମାଧ୍ୟମରେ ନିଜର ବହୁମୂଲ୍ୟ ସମୟଦେଇ ଆମ ଯୁଗଳବନ୍ଦୀ କବିତାସବୁକୁ ଆଗ୍ରହରେ ପଢୁଥିବା, ନିରପେକ୍ଷ ଭାବେ ସୁନ୍ଦର ମତାମତ ଦେଉଥିବା ଅଗଣିତ ଉତ୍ସାହୀ ସହୃଦୟ, ବନ୍ଧୁବାନ୍ଧବୀ, ଗୁଣୀ ପରିଜନ, ଆତ୍ମୀୟ ତଥା ଶୁଭେଚ୍ଛୁବର୍ଗଙ୍କୁ ଆମର ସାଦର କୃତଜ୍ଞତା। ଏମାନଙ୍କ ସୌହାର୍ଦ୍ଦ୍ୟଭରା ଜିଜ୍ଞାସା ଏବଂ ମତାମତ ମାଧ୍ୟମରେ ପାଇଥିବା ସକାରାତ୍ମକ ଊର୍ଜା ବିନା ଆମ ଭାବକ୍ଷୀରାବ୍ଧୀରେ 'କଞ୍ଚକଲ୍ଲୋଳ'କୁ ରୂପଦେବା ହୁଏତ ସହଜସାପେକ୍ଷ ହେଇ ନ ଥାଆନ୍ତା।

ଜଣେ ମାଳାକାର ହିଁ କେବଳ ଜାଣେ ସୁମନର ସୁଗନ୍ଧ, ପରଖ ଓ ସୁନ୍ଦରଭାବେ ସାଜସଜ୍ଜାର ସୁରେଖ କୁଶଳ ଓ ପ୍ରଣାଳୀ। ଆମ 'କଞ୍ଚକଲ୍ଲୋଳ'ରେ ପ୍ରସ୍ଫୁଟିତ ବିଭିନ୍ନଜାତୀୟ କବିତା ସୁମନରାଶିକୁ ଏକ ସୁଦୃଢ ଗ୍ରନ୍ଥିରେ ଗୁମ୍ଫିତକରି, କଭର୍ ପୃଷ୍ଠା, ଆଭ୍ୟନ୍ତର ଭାଗରେ ସୁରୁଚିପୂର୍ଣ୍ଣ ଚିତ୍ର ତଥା ପ୍ରଚ୍ଛଦପଟର ସମସ୍ତ କଳାକୁଶଳକୁ ନିଖୁଣ ଭାବେ ସଜାଇଛନ୍ତି ସୁପ୍ରତିଷ୍ଠିତ, ଲୋକପ୍ରିୟ ପ୍ରକାଶକ ଶ୍ରୀଯୁକ୍ତ ସତ୍ୟ ପଟ୍ଟନାୟକ (ପ୍ରକାଶକ, Black Eagle publishing house, Ohio, USA) ଏବଂ ତାଙ୍କ ଶିଳ୍ପୀ, ସହକର୍ମୀଗଣ। ଏ ସମସ୍ତ ପ୍ରିୟକଳାକାରଙ୍କ ସାହାଯ୍ୟ ବିନା ଆମ ଏ କୃତି 'କଞ୍ଚକଲ୍ଲୋଳ' ଏକ ଅନନ୍ୟ ଯୁଗଳବନ୍ଦୀରେ ରୂପାୟିତ ହେଇ ପାରି ନ ଥାନ୍ତା, ତେଣୁ Black Eagle Books ର ସମସ୍ତ ସହଯୋଗୀମାନଙ୍କୁ ଭାବପୂର୍ଣ୍ଣ ଧନ୍ୟବାଦ।

ଡ. ସରଯୂ ରଥ-ହୁବେନ୍ | **ପ୍ରାଧ୍ୟାପିକା ଜ୍ୟୋସ୍ନା ରାୟ-ମହାପାତ୍ର**

ଅଂଶ: ୧

ରାଗ
ଅନୁରାଗ

ରାଗ ଅନୁରାଗର ସରଣୀ

ପ୍ରତି ପଦେ ପଦେ ଅନୁରାଗର ପ୍ଲାବନୀ
ପ୍ରତି କ୍ଷଣେ କ୍ଷଣେ ଚିତ୍ତ ଚିନ୍ତେ ଚିନ୍ତାମଣି
ପ୍ରତି ହୃଦୟେ ବିକଶେ ପ୍ରୀତି ପଙ୍କଜିନୀ
ମାଧୁର୍ଯ୍ୟର ମନ୍ଦାକିନୀ ଭାବ ବୈତରଣୀ
ପ୍ରଲମ୍ବିତ ରାଗ ଅନୁରାଗର କାହାଣୀ
ପ୍ରତିକ୍ଷିତ ସମୟର ଅଦୃଶ୍ୟ ସଙ୍ଗିନୀ
ବିମ୍ବେ ପ୍ରତିବିମ୍ବ ଯଥା ହୃଦୟଦର୍ପଣୀ
ରାଗାନୁରାଗରେ ଛନ୍ଦା ଅମୃତ ସରଣୀ

– ଜ୍ୟୋସ୍ନା

ରାଗାନୁରାଗରେ ଛନ୍ଦା ଅମୃତ ସରଣୀ
ଅନୁକ୍ଷଣେ ତରଙ୍ଗିତ ରାସ ମନ୍ଦାକିନୀ
ଅନୁଷକ୍ତ ମନପକ୍ଷୀ କା ପାଶେ ବନ୍ଦିନୀ
କାବ୍ୟଜାଲେ ଅବା ଶବ୍ଦଶରେ ବିମୋହିନୀ !

– ସରଯୂ

ମଧୁପ୍ରୀତି ଏ କଳ୍ପକଲ୍ଲୋଳ

ମଧୁସ୍ନାତା ଅନୁଜା ମୋ ମଧୁସ୍ପନ୍ଦନରେ
ମଧୁଗନ୍ଧ ଭରିଦିଏ ହୃଦକନ୍ଦରରେ
ମଧୁରରାଗିଣୀ ତୋଳେ ମୈତ୍ରୀ ସାତସୁରେ
ମଧୁଛନ୍ଦେ ଛନ୍ଦିଦିଏ କଳ୍ପକଲ୍ଲୋଳରେ

- ଜ୍ୟୋସ୍ନା

ପ୍ରୀତିଲଗ୍ନା ଅଗ୍ରଜା ମୋ, ସଖ୍ୟତାବନ୍ଧରେ
ପ୍ରୀତିପୂର୍ଣ୍ଣା ଭାବସ୍ରୋତ ସଙ୍ଗତରଙ୍ଗରେ
ପ୍ରୀତିକର ମଧୁସ୍ୱନ ସୁହୃଦା ହୃଦରେ
ପ୍ରୀତିସୁରଭି ମହକେ କଳ୍ପକଲ୍ଲୋଳରେ

- ସରଯୂ

ଅଢେଇ ଅକ୍ଷର

ଅଶେଷ ମଧୁକ୍ଷରଣ ପ୍ରୀତିର ସ୍ୱାକ୍ଷର
ସମୟ ସିକତା ଶେଯେ ସ୍ମୃତିର ସମ୍ଭାର
ମୋହାବିଷ୍ଟ ମନତଳେ ମେଘର ମହ୍ଲାର
କିଏ ବା ପାରିଛି ରୋଧି ପ୍ରୀତି ଦୁନିର୍ବାର

– ଜ୍ୟୋସ୍ନା

କିଏ ବା ପାରିଛି ରୋଧି ପ୍ରୀତି ଦୁନିର୍ବାର
କୋହ ମିଶା ହୃଦ ଝର ନୟନଲୁହର
ଅମୂଲ କ୍ଷଣର ମୋତି ସ୍ମୃତି ପେଟିକାର
ସାଇତିଛି ମଧୁଶବ୍ଦ 'ଅଢେଇ ଅକ୍ଷର'

– ସରଯୂ

ପ୍ରଗଲ୍ଭା ତଟିନୀ

ସରଯୂ ଲୋ !
ତୁ ତ ଏକ ପ୍ରଗଲ୍ଭା ତଟିନୀ
କଳକଳ ଛଳଛଳ ହୋଇ
ତୁ ଯେବେ ବହିଆସୁ ଜୀବନେ ମୋ...
ମୋତେ ଲାଗେ ଆକାଶରେ ଜହ୍ନ ହସେ
ଜ୍ୟୋସ୍ନା ଆସେ ଝରି

– ଜ୍ୟୋସ୍ନା

ଏବଂ.ଜ୍ୟୋସ୍ନା ଯେବେ
ଝରି ଆସେ ଆଜି
ତୁମ ସେ ତଟିନୀ
ଚିରସ୍ରୋତା ବେଗବତୀ
ପ୍ରଗଲ୍ଭ ତା' ପ୍ରବାହରେ
ଅନାବର ମୁହୂର୍ତ୍ତରେ
ବିଜନ ହୃଦକନ୍ଦରେ
ତୁମ ମାୟାସରୋବରେ
କାଚକେନ୍ଦୁ ନୀରପରି
ନିର୍ମଳ ଶୀତ ଛାୟାରେ
ପ୍ରୀତିପୂର୍ଣ୍ଣ ପାରାବାରେ
ପ୍ରଗଲ୍ଭା ସେ ଭାବାପ୍ଳୁତା
ଆଜୀବନ ସ୍ନେହସିକ୍ତା
ହୁଏ ଜ୍ୟୋସ୍ନାସ୍ନାତା

– ସରଯୂ

ମିଳନର ପଦ୍ମବନ

ଶୁଭିଯାଏ ସାଗରର ଗହଗହ ସ୍ୱର
ତୋଳୁଥାଏ ସରାଗରେ ପ୍ରୀତିର ଜୁଆର
ସୂର୍ଯ୍ୟ ଯେବେ ମଥା ଟେକେ
ଆକାଶ ବିଛେଇଦିଏ ସୁନେଲି ଫୁଆର
ଉଭାସିତ ହୁଏ ଧରା
ହୁଏ ଆହ୍ଲାଦିତ
ନଦୀ ଖୋଜେ ପଥ ସାଗରର
ସ୍ୱପ୍ନ ଦେଖେ ମଧୁମିଳନର
ଭୟନାହିଁ ଭୟନାହିଁ
ନାହିଁ ଆଉ ବହଳ ଅନ୍ଧାର
ହୃଦୟେ ହୃଦୟେ
କରି ଆଶାର ସଞ୍ଚାର

ଶାମୁକାର ବୁକୁଚିରି
ହସିଲାଣି ଚିକମିକ୍
ମୋତିର ସକାଳ
ଥୁରୁଥୁରୁ ପାହାନ୍ତିଆ ବେଳ
କାକର ଟୋପାରେ ଶୋହେ
ଶ୍ୟାମ ଦୁର୍ବାଦଳ
ଅପୂର୍ବ ସେ ଶୋଭାର ସମ୍ଭାର
ସାଗର ଅଧୀର ହୁଏ
ନଦୀ ବି ଅଧୀର
ମିଳନର ପଦ୍ମବନେ
ତୋଳିବେ ସେ ସପନର ଘର

— ଜ୍ୟୋସ୍ନା

ତୁମ ଗଢା ମିଳନର ପଦ୍ମବନ
ସପନର ଘେରେ ତୋଳା ଘର
ଆନମନା କରେ ଏ କବିକୁ
ଅଧା ଗଢା କବିତାକୁଞ୍ଜୀକୁ
ଅସଜଡା ଶବଦ ପୁଞ୍ଜୀକୁ
ଅନାବର ଭାବ କଳ୍ପନାକୁ

ତୁମ ସଜା ସପନ ସମ୍ଭାର
ଶୁଭ ଲଗ୍ନ ମଧୁମିଳନର
ଇନ୍ଦ୍ରଧନୁ ଭରେ ଏ ମନରେ
ଅଗଣିତ ଫେନିଳ ଢେଉରେ
ଅସରନ୍ତି ମୁକୁତା ରାଜିରେ
ଅଳଙ୍କରେ ମୋ ଚଉପଦୀରେ

– ସରଯୂ

ସମୟର ସାତସୁର

ସେ କିଏ ରୂପସୀ ନୟନ ମୁଦିଛି
ବିଧୁର ପରାଣ ଭାରେ
କଳ୍ପନା ଯେତେ କବିତା ରଚିଛି
ସ୍ୱପ୍ନ ନଦୀର ତୀରେ
ଖୋଜିଛି ହଜିଛି ଝୁରିଛି କେତେ ସେ
ସୋହାଗ ସିନ୍ଦୂର ଧାରେ
ନିରାଶାରେ ଆଶା ଫୁଲ ଫୁଟାଇଛି
ସମୟର ସାତସୁରେ

– ଜ୍ୟୋତ୍ସ୍ନା

ସମୟର ସାତସୁରେ ହୃଦ ତାର
ଆଜି ବି ମୂର୍ଚ୍ଛନା ତୋଳେ
ବିରହିଣୀ ମନେ ଘନ ଆଲୋଡ଼ନ
ନିରବେ ଲୋତକ ଢାଳେ
କ୍ଷଣ ପଳପଳ ଗତିରେ ଚଞ୍ଚଳ
ବହେ ନଦୀ ଧାରା ସମ
ବହେ ତା ସ୍ପନ୍ଦନ ବ୍ୟଥା ଉପଶମ
ପ୍ରତୀକ୍ଷାର ଅବସାନ

– ସରୟୂ

ମନପକ୍ଷୀ

ଉଡିଯାଏ ମନପକ୍ଷୀ
ଦୂର ଦିଗ୍ ବଳୟେ ଆଜି
ସାରା ରାତି ଝୁରିମରେ
ପାଏନା ପାଏନା ଖୋଜି

ଜାଣି ମୁଁ ପାରେନା ସଖୀ
କି ଭାବେ ଯାଏ ସେ ହଜି
କେଉଁଠି ଯାଏ ସେ ଲୁଚି
ପ୍ରୀତିରେ ପ୍ରୀତିରେ ମଜ୍ଜି

– ଜ୍ୟୋତ୍ସ୍ନା

ପ୍ରୀତିରେ ପ୍ରୀତିରେ ମଜ୍ଜି
ପଞ୍ଚମ ତାନରେ ହଜି
ଉଡିଆସେ ମନପକ୍ଷୀ
ଏପାରି ବେଳାଭୂମିରେ

ପରିତୃପ୍ତ ମନ ଆଜି
ଖୋଜେ ହଜା ସ୍ମୃତି ରାଜି
ସାଉଁଟେ ସେ ଶବ୍ଦମୋତି
ସମୟ ସାଗର ତୀରେ

– ସରୟୂ

ଅଭଙ୍ଗ ପ୍ରଣୟ

ପ୍ରେମର କଦମ୍ବବନେ ମନ ହଜୁଥାଉ
କାହ୍ନୁର ବଇଁଶୀସ୍ୱନ ମୁଗ୍ଧ କରୁଥାଉ
ସନ୍ତୋଷିନୀ ପ୍ରାଣ ତୋର ପୁଲକିତ ହେଉ
ବିଭୁଙ୍କ ଆଶିଷ ସଦା ଶିରେ ଝରୁଥାଉ

- ଜ୍ୟୋତ୍ସ୍ନା

ଝରୁଥାଉ ଅଶେଷ ସେ ପୀୟୂଷର ଧାରା
ଧାରାର ସୁମାର୍ଗ ହେଉ ଶୁଦ୍ଧତାରେ ତୋରା
ତୋରା ହେଉ ପ୍ରେମ ବିଶ୍ୱେ ଜୀବନ ସଙ୍ଗୀତ
ସଙ୍ଗୀତ ଗୁଞ୍ଜନ ତୋଳୁ ମୈତ୍ରୀପ୍ରୀତି ଗୀତ
ଗୀତ ସେ ପୁଲକ ଭରୁ ମନ ଉପବନେ
ବନେ ବା କଦମ୍ବ ମୂଳେ କାହ୍ନା ବେଣୁ ସ୍ୱନେ
ସ୍ୱନେ ତା ଚପଳ ତାଳ ଲୟ ସମନ୍ୱୟ
ଅନ୍ୱୟ ସେ ନାଦବ୍ରହ୍ମେ ଅଭଙ୍ଗ ପ୍ରଣୟ

– ସରଯୂ

ତୋ ପାଇଁ

ଶୁଭସକାଳର ସ୍ୱର୍ଣ୍ଣିମା ଆଭା
ଫୁଟନ୍ତା ଫୁଲର ବର୍ଣ୍ଣିଳ ବିଭା
ସଭିଏଁ ଖୋଜନ୍ତି ତୋ ରୂପଶୋଭା
କଥା ମନ୍ଦାକିନୀ ତୋ ମନଲୋଭା
ସଭିଏଁ କହନ୍ତି ତୁ ପ୍ରୀତିପୂର୍ଣ୍ଣା
ସ୍ମୃତି ଉପବନେ ତୁ ଶ୍ୟାମଳିମା
ନନ୍ଦନବନରେ ତୁ ପାରିଜାତ
ତୋ ପାଇଁ ଝୁରନ୍ତି ଦିବସରାତ୍ର

- ଜ୍ୟୋସ୍ନା

ରାଗ ଅନୁରାଗ

ଝୁରନ୍ତି ଦିବସରାତ୍ର ଯା' ସ୍ପର୍ଶ
ନନ୍ଦନବନର ମୋହକ ବାସ
ମଧୁରିମା ଭରା ଅଙ୍ଗ ଲାବଣ୍ୟ
ଲଳିତ ଲସିତ ଛଟା ଅନନ୍ୟ
ମୃଦୁ ଭାଷେ ଯେବେ ମୋହେ ଏ ମନ
ଭାସ ହୁଏ ଅବା ଅଳିଗୁଞ୍ଜନ
ପରୀରାଣୀ ସମ ମନମୋହିନୀ
ଶିଳ୍ପୀର କଳ୍ପନା କି ମାୟାବିନୀ !

— ସରଯୂ

ପାହାନ୍ତି ରାତି

କିଏ ଜାଣେ କେତେ ବେଳେ ରାତି ପାହିଯିବ
କାଲି ପାଇଁ ଏ ସମୟ ଥିବ କି ନ ଥିବ
କବିତା କହିବ କାଲି ଜୀବନର କଥା
ପୁଞ୍ଜିଭୁତ ସୁଖଦୁଃଖ ବେଦନାର ବ୍ୟଥା

– ଜ୍ୟୋସ୍ନା

ରାଗ ଅନୁରାଗ

ବ୍ୟଥାଭରା ବେଦନାର ଫିକା ଫିକା ହସ
କୋହସିକ୍ତ ପୁଞ୍ଜିରେ ବି ଲୁଚାଛୁପା ରାସ
ଚନ୍ଦ୍ରମାର ଦୀର୍ଘଶ୍ୱାସ ଅନ୍ତିମ ପ୍ରହରେ
କୁମୁଦ ଗୁମୁରି କାନ୍ଦ ରାତି ପାହାନ୍ତିରେ
ମଉଳା ମୁହଁରେ ସେଇ ମହମହ ବାସ
ହଜିଯିବା ପୂର୍ବର ସେ ଅନ୍ତିମ ନିଶ୍ୱାସ
ସମୟ ଗାଇବ ଅବା ଗୋଧୂଳିର ଗାଥା
କବିତା ବନିତା ସୁରେ ନତ କରି ମଥା

— ସରଯୂ

ପ୍ରୀତିପରିଧି

ସମୟସାଥିରେ ଯାଏ ନାହିଁ ଲିଭି
ସ୍ମୃତିର ସବୁଜ ଚିହ୍ନ
ମନରୁ ହଜେନି ପ୍ରିୟ ରୂପଛବି
ଚିଠିର ଅକ୍ଷରଜହ୍ନ
ବିତିଯାଏ କେତେ ଦିନ ମାସବର୍ଷ
ନିରବ ଆଖି ଲୁହରେ
ଅଚାନକ୍ ଦିଶେ ଜରାଜୀର୍ଣ୍ଣବେଶ
ଆଖିର ଲେଞ୍ଜରା ଧାରେ
ମହାଯାତ୍ରାର ମହାମନ୍ତ୍ରରେ
ଝଙ୍କୃତ ହେଲେ ଗୀତ
ସ୍ମୃତି ସାହୁକାର ଆଗୁଲାଇ ପଥ
ପିଠିରେ ବସାଏ ବେତ
ଭୁଲି କି ପାରିଲି ଏଯାଏଁ କିଛି ମୁଁ
ମନ ଭାରି ଝୁରିହୁଏ
ସ୍ମୃତିର ସୁରଭି ବାସ ଚହଟାଇ
ପ୍ରୀତିର ପରିଧି ଛୁଏଁ

- ଜ୍ୟୋସ୍ନା

ରାଗ ଅନୁରାଗ

ପ୍ରୀତିପରିଧିକୁ ଆଜି ଛୁଇଁଯାଏ
ରୂପାଜହ୍ନ ସ୍ମିତହସ
ଅକୁହା ବୁକୁରେ ଯତନେ ସଞ୍ଚିତ
ଗାଥାରାଶି ଅବଶେଷ
ଶ୍ୱେତବର୍ଣ୍ଣା ନିଶିଗନ୍ଧାର ମହକେ
ସ୍ମୃତି ରହେ ଉଜ୍ଜୀବିତ
ଅଭୁଲା ହୃଦୟେ ଆଜି ବି ଝଲସେ
ଛବି ସେ ଦୂର ଅତୀତ

ସମୟର ସ୍ୱେଚ୍ଛାଚାର ସ୍ୱାର୍ଥୀଭାବ
ସାଥେ ପ୍ରିୟର ବନ୍ଧନ
ଜୀବନର ତରି ହୁଏ ଟଳମଳ
ମହାମନ୍ତ୍ର ହୁଏ ଲୀନ
ଜରାଜୀର୍ଣ୍ଣ ଚକ୍ଷୁକୋଣେ ଦିକିଦିକି
ଜଳେ ଆଶାର ମଶାଲ
ମହାଯାତ୍ରା ପଥେ ମହାଦୀପ ଜ୍ୟୋତି
ଦିଶେ ଦୂରୁ ଝଲମଲ

– ସରଯୂ

ଅଂଶ: ୧

ନବସୃଜନ

ଶୁଭ ସକାଳର ସୁନା ସୂରୁଜ
ବୁଣିବୁଣି ଯାଏ ପ୍ରୀତି ମୁରୁଜ
ହସୁଛି ଧରଣୀ ହସୁଛି ଉଷା
ମାନସେ ଭରୁଛି ନୂତନ ଆଶା

— ଜ୍ୟୋସ୍ନା

ନୂତନ ଆଶାଦୀପ ଆଗାମୀର
ଆଗାମୀ ସ୍ୱପ୍ନ ନବ ସୃଜନର
ସୃଜନ କବିପ୍ରିୟା କଳ୍ପନାର
କଳ୍ପନାର ଉର୍ଜ୍ଜା ସେ ପ୍ରେରଣାର
ପ୍ରେରଣାଉତ୍ସ ସ୍ୱର୍ଣ୍ଣାଭ ସୂରୁଜ
ସୂରୁଜ ପ୍ରଭରେ ଚେତନା ରଜ
ରଜ ବି ଆଶ୍ଳେଷେ ଗୋଧୂଳି ନିଶା
ନିଶାନ୍ତରେ ଉଦେ ଅନନ୍ୟା ଉଷା

– ସରଯୂ

ଅନୁରାଗର କାହାଣୀ

ଅନୁରସ ରାଗେ ଭରା ହୃଦୟରାଗିଣୀ
ଅନାବର ଭାବସିକ୍ତା କବିର ଲେଖନୀ
ଅନିନ୍ଦ୍ୟ ଶବ୍ଦଭୂଷଣେ କବିତା ମଣ୍ଡଣି
ଅନୁପଦେ ଗାଏ ଅନୁରାଗର କାହାଣୀ

- ସରଯୂ

ଅନନ୍ତ ପ୍ରୀତି ନିର୍ଝର ଅତୀନ୍ଦ୍ରିୟ ବାଣୀ
ଅନାହତ ଅନ୍ତର୍ମନ ଅଶ୍ରୁତ ରାଗିଣୀ
ଅଭିଭୂତ କବିପ୍ରାଣ କବିର ଲେଖନୀ
ଅନୁସରେ ରାଗ ଅନୁରାଗର ସରଣୀ

- ଜ୍ୟୋତ୍ସ୍ନା

ରାଗ ଅନୁରାଗ

ଜୀବନ ଜାହ୍ନବୀ

ମଧୁମୟୀ ଅଗ୍ରଜା ମୋ..
ମଧୁମୟୀ ଅଗ୍ରଜା ମୋ ପ୍ରୀତିରେ ପ୍ରୀତିରେ
ମଧୁଛନ୍ଦ ଭରିଦେଲ ଆମ ଏ ମୈତ୍ରୀରେ
ମଧୁବାଣୀ ଖୋଜେ ଯେବେ ସଖୀ ସଂହତିରେ
ମଧୁସ୍ନାତା ହୁଏ ତୁମ କବିତା ପଂକ୍ତିରେ

— ସରଯୂ

ମଧୁସ୍ନାତା ଅନୁଜା ମୋ..
ମଧୁରିମା ଭରିଯାଏ ମୈତ୍ରୀରେ ମୈତ୍ରୀରେ
ସପ୍ତସୁର ଝରି ଆସେ ଅନ୍ତରେ ଅନ୍ତରେ
ଏ ଜୀବନ ବ୍ରତୀ ସାରସ୍ଵତ ସାଧନାରେ
ଜୀବନ ହୁଏ ଜାହ୍ନବୀ ଜ୍ୟୋସ୍ନା ଝରେ ପ୍ରୀତିପାର୍ବଣରେ

— ଜ୍ୟୋସ୍ନା

ଈର୍ଷାତୁର ଜହ୍ନ

ଜୋଛନା ଚମକ ନେଇ
ତୁମେ ଯେବେ ଝରିଆସ ମୋ ବାତାୟନରେ
ମମତ୍ୱର ଶୀତସ୍ପର୍ଶ
ଆଶ୍ୱାସର ମୃଦୁବାସ
ଛୁଇଁ ଛୁଇଁ ଯାଏ ମୋ ଅନ୍ତରେ
ବିଜନତା ହଜିଯାଏ
କ୍ଷଣେ ଉଲ୍ଲାସ ଜଗାଏ
ଅନ୍ଧକାର ଲୁଚିଯାଏ ତୁମ ପରଶରେ
ଅଧୀର ହୁଏ ସ୍ପନ୍ଦନ
ଝୁରେ ମୋ ବିଧୁର ପ୍ରାଣ
ହଜିଲା ଦିନ ଝଲସେ ସ୍ମୃତି ଦର୍ପଣରେ
ଲାଖିଯାଏ ଏଇ ଆଖି ତୁମ ପରିଧିରେ
ଖୋଜେ ସତ୍ତା ତୁମ ସଂନିଧିରେ
ତୁମ ସିତ କିରଣରେ ଅବଗାହନକୁ
ଈର୍ଷାତୁର ରୂପା ଜହ୍ନେ ହରାଇ ଦେବାକୁ

- ସରଯୂ

ଈର୍ଷାତୁର ରୂପା ଜହ୍ନେ ହରାଇ ଦେବାକୁ
ଜୋଛନା ପ୍ରୀତି ପରଶେ ପ୍ରାଣ ଭରିବାକୁ
କମନୀୟ କବିତାରେ ମନ ତୋଷିବାକୁ
ମମତାର ମଧୁବନେ କୀର୍ତ୍ତି ରଚିବାକୁ
କିଏ ସେ ବିଦୁଷୀ ବାଳା ଚାରୁ ଚନ୍ଦ୍ରାନନା
ବାତାୟନ ପାଶେ ବସି ହୁଏ ଆନମନା
ବହୁ ଦୂରୁ ଭାସି ଆସେ ତା' ଗୀତି ମୂର୍ଚ୍ଛନା
ହୃଦୟେ ମୋ ଭରିଯାଏ ଅମୂର୍ତ୍ତ କଳ୍ପନା

– ଜ୍ୟୋସ୍ନା

ତମାଲ କୁଞ୍ଜ ବିହୁନେ

ଭିଜିଯାଏ ସେ ନୟନ ଶ୍ରାବଣର ଧାରେ
ସଙ୍ଗେ ସାଙ୍ଗ ଦେଇ ପୁଣି ଯମୁନା ଉଛୁଳେ
ହୃଦ ସାଉଁଟେ ପୂର୍ଣ୍ଣତା ଯେବେ ଶୂନ୍ୟତାରେ
ଶବ୍ଦ ବିନା ଭାବ ଝରେ ନୀରବ ଅଶ୍ରୁରେ ..

ହୃଦୟପେଟିକା ଭରେ ରାଈର କୋହରେ
କମ୍ପନ ଜଗାଏ ସ୍ମୃତି ଗତାୟୁ ମୋହରେ
ଫେରିଯିବ କିବା ସେଇ ପ୍ରୀତି ପାରାବାରେ
ଯହିଁ ତମାଲ କୁଞ୍ଜ ବିହୁନେ ତନୁ ବି ଶିହରେ..

– ସରୟୂ

ତମାଳକୁଞ୍ଜ ବିହୁନେ ତନୁ ବି ଶିହରେ
ମୋହନ ମୂରଲୀସ୍ୱନେ ମାନସ ବିହରେ
କିଏସେ ପାରିଛି ଭୁଲି ପ୍ରୀତିପୟୋଧିରେ
ପଦଚିହ୍ନ ଥାପିଛି ଯେ ସ୍ମୃତି ସୈକତରେ

ନିଃଶବ୍ଦରେ ଝରେ ଭାବ ନୀରବ ଅଶ୍ରୁରେ
ଶବ୍ଦବ୍ରହ୍ମ ଲୀଳାଭୂମି ବ୍ୟର୍ଥତା ବିତରେ
ବିକ୍ଷୁବ୍ଧବିଷର୍ଣ୍ଣ ମନ ଶୂନ୍ୟତା ଆବୋରେ
ଲକ୍ଷ୍ୟ ହୁଏ କକ୍ଷଚ୍ୟୁତ ପୂର୍ଣ୍ଣତା ଆଶାରେ

– ଜ୍ୟୋସ୍ନା

କିଏ ସିଏ ?

ଗୁଣରେ ସେ ଅନୁପମା
ରୂପରେ ଚିତ୍ର ପ୍ରତିମା
ହସିଲେ ଝରେ ଅମୃତ
ସରଗ ପରୀ ସେ ଏକ
ପ୍ରୀତିମୟୀ ରାଜଜେମା
ଚିବୁକେ ଲାଲିମା ତାର
ମଥାରେ ସିନ୍ଦୁରୀ ଗାର
ନୟନେ ଲୁହର ଝର
ଫଗୁବୋଲା ଆଶା ସଞ୍ଜେ
ମୋତିର ଭଣ୍ଡାର

- ସରଯୂ

ରାଗ ଅନୁରାଗ

ବସନ୍ତ ଆସୁଛି ଜାଣି
କେହି ଜଣେ ସରାଗରେ
ଚିଠି ଲେଖୁଥାଏ
ପୀରତିର କୁଞ୍ଜବନେ
ଭାବର ପସରା ମେଲି
ଗୁଣୁଗୁଣୁ ଗୀତ ଗାଉଥାଏ
ଫଗୁଣର ଫଗୁ ଧରି
ଅଧୀରେ ଆବେଗ ଭରି
ପଥ ଚାହିଁଥାଏ
ମନର ଆକାଶେ ସତେ
ଚପଳା ଚମକି ହସେ
ମଧୁ ଝରୁଥାଏ
ଜୀବନରେ ଇନ୍ଦ୍ରଧନୁ
ରଙ୍ଗ ଭରିଯାଏ
ମୋତିର ଭଣ୍ଡାର ଖୋଲି
ସପନ ସଜାଏ

— ଜ୍ୟୋସ୍ନା

ପରାଣ ମିତ

ଘୁମନ୍ତ ଆଖିରେ ତୁମ ମୁଁ ଧାରେ କଜ୍ଜଳ
ଚୂର୍ଣ୍ଣ କୁନ୍ତଳ ରାଶିରେ ମୁଁ ଘନବାଦଲ
ଅଙ୍ଗବସ୍ତ୍ର ଶୋଭାରେ ମୁଁ ତୁମରି ପଣତ
ମୋ ବିନା ଅଧୁରା ତୁମ ଅଧର ହସନ୍ତ

ଲାଜୁଆ ଚାହାଣୀ ତଳେ ପ୍ରୀତି ଚୋରାବାଲି
ହସେ ତୁମ ଅନୁଭବେ ମୋ ଓଠର ଲାଲି
ସାଜଶୃଙ୍ଗାର କୁଙ୍କୁମ ମୋ ହୃଦ ସଙ୍ଗୀତ
ସିନ୍ଦୂରୀ ସୁଷମା ତୁମେ ମୋ ପରାଣ ମିତ

- ସରଯୂ

ସିନ୍ଦୂରୀ ସୁଷମା ତୁମେ ମୋ ପରାଣ ମିତ
ମୋ ହୃଦ ଆକାଶେ ତୁମ ପ୍ରୀତି ଛନ୍ଦାୟିତ
ଅକ୍ଷୟ ଅମୃତଧାରା ବହେ ଅବିରତ
ଜୀଉଁଛି ଜୀଇଁବି ସ୍ମୃତି ଚିର ସଞ୍ଜୀବିତ

ତୁମେ ପୂଜା ଧୂପ ଦୀପ ଅଗୁରୁ ଚନ୍ଦନ
ତୁମେ ମୋର କୁଞ୍ଜବନ କାହ୍ନୁ ବଂଶୀସ୍ୱନ
ତୁମେ ବିନା ଏ ଜୀବନ ବିବର୍ଣ୍ଣ ବିଷର୍ଣ୍ଣ
ଆତୁର ଅନ୍ତରେ ଝୁରେ ଦଗ୍ଧ ଫୁଲବନ

– ଜ୍ୟୋସ୍ନା

ଥମିଯାଉ ଏ ସମୟ

ଥମିଯାଉ ଏ ସମୟ ଏ ମଧୁର ବେଳା
ସାୟାହ୍ନ ବା ଅପରାହ୍ନ ସବୁ ହିଁ ଅଭୁଲା
ପ୍ରୀତିଝରର ନୁହେଁ ସିଏ ଅମୃତ ତଟିନୀ
ଚଳୁରେ କି ଶୋଷିହୁଏ ପ୍ରେମ ମନ୍ଦାକିନୀ
ସେ ସମୟ ଭରିଥିଲା ସ୍ମୃତି ବରମାଲ୍ୟେ
ନବବଧୂ ମଜ୍ଜିଥିଲା ପ୍ରେମ ପାରାବାରେ

– ସରଯୂ

ନବବଧୂ ମଜ୍ଜିଥିଲା ପ୍ରେମ ପାରାବାରେ
ସାଧନାରେ ସିଦ୍ଧିଲଭି ଅମୃତ ବେଳାରେ
ସଞ୍ଜୀବତୀ ଜଳୁଥିଲା ଅମ୍ଳାନଶିଖାରେ
ପବିତ୍ର ପରମ ତୃପ୍ତି ମାନସ ମନ୍ଦିରେ
ସମୟ ବି ଥମିଗଲା ସଙ୍କେତ ସ୍ଥଳରେ
ସୌଗନ୍ଧିକା ସୁଗନ୍ଧର ସେ ସନ୍ଧିକ୍ଷଣରେ

– ଜ୍ୟୋସ୍ନା

ତମେ ଯେବେ ମନେପଡ

ତୁମେ ଯେବେ ମନେପଡ ପ୍ରକର୍ଷ ରୂପରେ
ବିଜନ ବେଳାରେ ପୁଣି ଚାନ୍ଦିନୀ ଝରରେ
ବିରହର ଲୁହ ଝରେ ଚକୋରୀ ନୟନୁ
ଅଧୁରା ସ୍ୱପ୍ନ ଜଗାଏ ଶିହରେ ଏ ତନୁ

ଶୀତଳତା ଯେହ୍ନେ ଖୋଜେ ଉଷ୍ଣ ଏ ଅଧର
ନିଦାଘ ବି ଫିକା ପଡେ ଉତ୍ତପ୍ତ ଏ ଧାର
ଶୁଖେନି ପ୍ରୀତି ଝରଣ ଥମେନି ସ୍ପନ୍ଦନ
ଜାଣେନି କା' ସ୍ପର୍ଶ ଆଶେ ଆଜି ଏ କମ୍ପନ

ରାଗ ଅନୁରାଗେ ସିନା ଭାବର ଆଗମ
ଅଢେଇ ଅକ୍ଷର ପାଇଁ ସ୍ମୃତି ସରଗମ
ଦୂରତା ପ୍ରତୀତ କରେ ଶାପିତ ଜୀବନ
ଅନନ୍ତ ପ୍ରତୀକ୍ଷା ଏ କି ପ୍ରାରବ୍ଧର ଦାନ !

- ସରଯୂ

ରାଗ ଅନୁରାଗ

ଅନନ୍ତ ପ୍ରତୀକ୍ଷା ଏ କି ପ୍ରାରବ୍ଧର ଦାନ
ଅଢେଇ ଅକ୍ଷରେ ଲେଖା ସ୍ମୃତି ପଦଚିହ୍ନ
ଅବ୍ୟକ୍ତ ହୃଦୟେ ଭରି ମାନ ଅଭିମାନ
ନିରବେ ନିଶୀଥେ ଝୁରେ ପ୍ରୀତି ପଦ୍ମବନ

ବିଲପିତ ବଂଶୀସ୍ୱନ କରେ ଉଚ୍ଚାଟନ
ଶିହରିତ ତନୁମନେ ଜଗାଏ କମ୍ପନ
ମନବୃନ୍ଦାବନେ ଭରି କୋଟିଏ ସପନ
ନିଃଶବ୍ଦେ ନିରତେ ଝୁରେ ବିଧୁର ଏ ପ୍ରାଣ

ଭାବରେ ଭାବରେ ବନ୍ଧା ସମ୍ପର୍କ ସୁମନ
ସାତ ଜନମକୁ ଛନ୍ଦା ପ୍ରଣୟିନୀ ମନ
ଅଚ୍ଛେଦ୍ୟ ଅଭେଦ୍ୟ ଏ ଯେ ପ୍ରେମର ବନ୍ଧନ
ମିଳନ ବିଚ୍ଛେଦ ସିନା ବିଧିର ବିଧାନ

– ଜ୍ୟୋସ୍ନା

ଭାବ
ଅନୁଭାବ

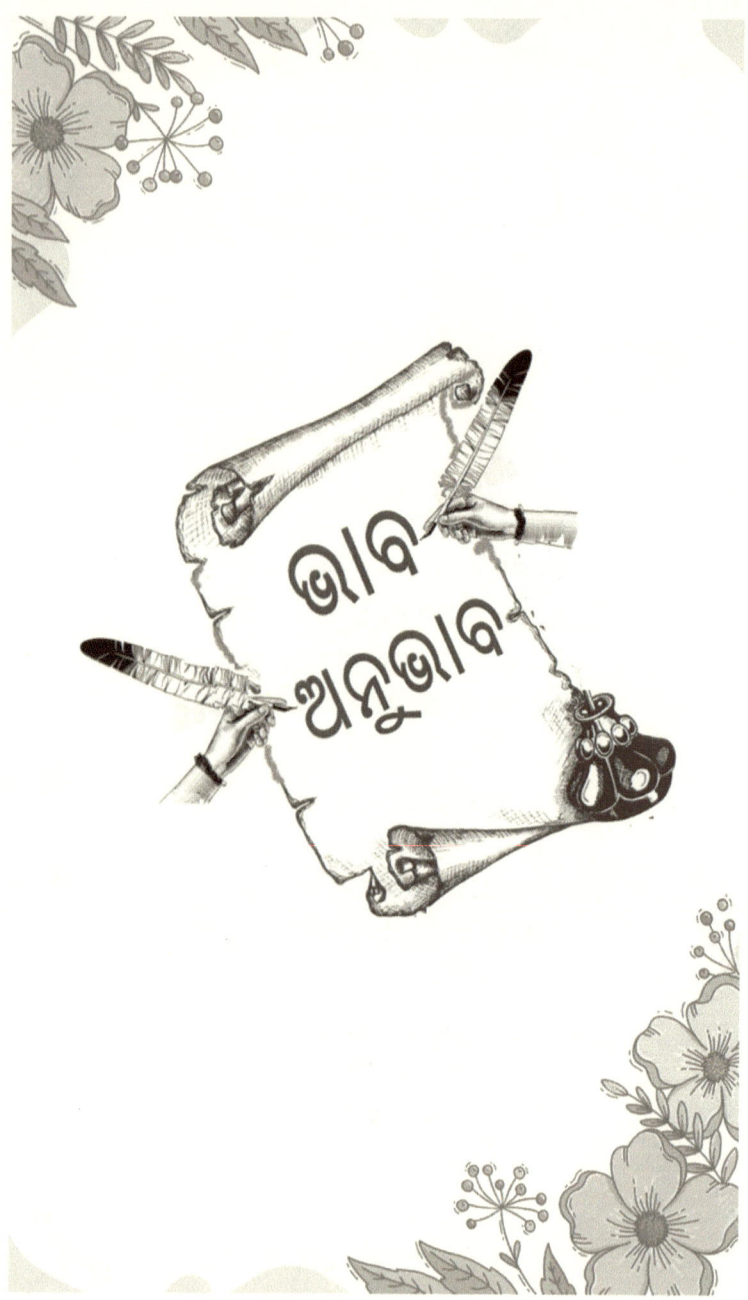

ଭାବ ପ୍ରବଣତା

ଭାବ ବିନିମୟେ ବ୍ୟକ୍ତ ଭାବ ପ୍ରବଣତା
ତରଳ ଭାବ ବିନ୍ୟାସେ ଅନୁଭବ ଗାଥା
ଆଦ୍ୟ ଆଷାଢ଼ରେ ବଳାହକର ବାରତା
ବିଧୁର ବିରହୀ ପ୍ରାଣେ ଭରେ ଆକୁଳତା
ବଖାଣେ ଲେଖନୀ ଅନୁଭାବ୍ୟର ଗୁଢ଼ତା
ଅନୁଭାବୋଚ୍ଛ୍ୱାସେ ଭାସେ ସୃଜନ ସ୍ନିଗ୍ଧତା

-ସରଯୂ

ଅନୁଭାବୋଚ୍ଛ୍ୱାସେ ଭାସେ ସୃଜନସ୍ନିଗ୍ଧତା
ଅନନ୍ତ ପ୍ରେମାନୁଭବେ ମୂର୍ତ୍ତ ଆତୁରତା
ଚେତନ ଅବଚେତନେ ବିଧୁରପ୍ରାଣତା
ଭାବରେ ଭାବରେ ବନ୍ଧା ଭାବ ପ୍ରବଣତା

- ଜ୍ୟୋସ୍ନା

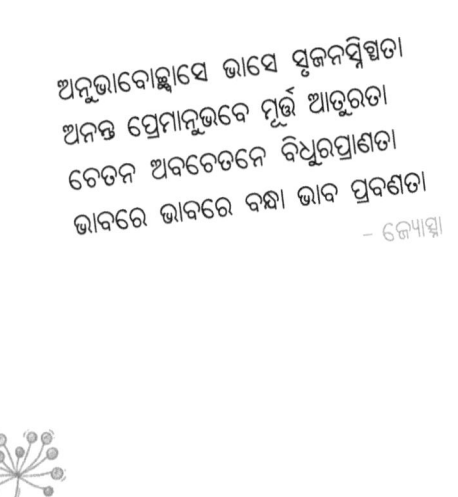

କବିତା ରୂପସୀ

ସପନରେ ଭାସ ତୁମେ ମରାଳଗାମିନୀ
ସେ ଛନ୍ଦରେ ହୃଦ ହାରେ ସାଧକ ଅଗ୍ରଣୀ
ସୁହାସେ ମହକେ ବାସ ଗୋ କୁନ୍ଦରଦନୀ
ଲେଖନୀର ମୃଦୁଝରେ ମଧୁର ଭାଷିଣୀ
କଣ୍ଠତରଙ୍ଗରେ ଭାସ ତୁମେ ନୀଳକାନ୍ତି
ପ୍ରୀତିଲାବଣ୍ୟ ପ୍ରାଚୁର୍ଯ୍ୟେ ବସନ୍ତେ ବାସନ୍ତୀ
କାମିନୀର ରୂପ-ଛଟା ତୁମ ଲାସ୍ୟେ ଛୁପା
କବିତା ରୂପସୀ ପ୍ରିୟା ତୁମେ ଶତରୂପା

- ସରଯୂ

ଭାବ ଅନୁଭାବ

କବିତା ରୂପସୀ ପ୍ରିୟା
ତୁମେ ଶତରୂପା
କେବେ ପ୍ରୀତିଧାରା ତୁମେ
କେବେ ଅପରୂପା
ବୁଝି ବି ପାରେନା ବୁଝି
କି ଦେବି ଉପମା
ମିଳନ ସ୍ୱପ୍ନରେ ଭାସେ
ବିରହୀ ସୁମନା
ଲାସ୍ୟମୟୀ ହାସ୍ୟମୟୀ
ତୁମେ ଅନୁପମା
ତୁମେ ମୋର ସ୍ୱପ୍ନସୁଧା
ତୁମେ ମନୋରମା
            – ଜ୍ୟୋସ୍ନା

ମଗ୍ନ ମନ କୋଟିଏ ସ୍ୱପ୍ନରେ

ନୟନେ ମୋ କୋଟି ସ୍ୱପ୍ନ ନେଇ
ଆସିବିକି ଥିରି ଥିରି ପାଦେ
ଆମ ଗଢା କଳ୍ପନାର ଇନ୍ଦ୍ରଭୁବନରେ !
ମୟ ସମ କଳାକୌଶଳରେ
ସଜାଇବି ସେଇ ମାୟାପୁରୀ
ଯହିଁ ନିତ୍ୟ ହେବ ଲୀଳା-ଖେଳା
ଅପରୂପ ଶବଦ ବ୍ରହ୍ମର
ଭିଜୁଥିବା ଶବ୍ଦଲହରୀରେ
ହଜୁଥିବା ଭାବତରଙ୍ଗରେ
ମଜୁଥିବା ନିତିନିତି ନୂତନ ସୃଷ୍ଟିରେ

– ସରଯୂ

ମଜୁଥିବି ନିତିନିତି ନୂତନ ସୃଷ୍ଟିରେ..
ଭାବନାର ଇନ୍ଦ୍ରଜାଲେ କଳ୍ପବାଟିକାରେ
ତୋଳୁଥିବି ପାରିଜାତ ଚିନ୍ତା ଚେତନାରେ
ପୁଲକିତ ତନୁ ମନ ଅଶ୍ରୁତ ଗୀତିରେ
ଅନନ୍ତ ପ୍ରଶାନ୍ତି ଭରି ହୃଦକନ୍ଦରରେ
ହଜିବି ମଜ୍ଜିବି ମୁହିଁ ମଧୁ ଅନ୍ୱେଷାରେ
ପ୍ରକୃତିକୋଳରେ କେବେ ସଂସାର ମେଳାରେ
ମଗ୍ନ ମନ ମୁଗ୍ଧ ହେବ ନୂତନ ସୃଷ୍ଟିରେ
ପାହାନ୍ତିଆ ଉଷାଶ୍ରୀର ସ୍ୱର୍ଣ୍ଣିମା ଆଭାରେ
ସୃଷ୍ଟିର ନୂତନ ଶୋଭା ଦିବ୍ୟ ପ୍ରକାଶରେ

- ଜ୍ୟୋସ୍ନା

ଛୁଇଁବକି ସବୁରି ଅନ୍ତର !

ରିମିଝିମି ବରଷା ବିନ୍ଦୁରେ
ଠୋପା ଠୋପା ମୋ ସ୍ୟାହିର ବିନ୍ଦୁ
ବିନ୍ଦୁ ବିନ୍ଦୁ ମିଶି ହେବ କି ଗୋ ସିନ୍ଧୁ
ତୁମ ସୀମାହୀନ ଭାବନା ସାଗରେ !

କୁହ ତୁମେ ମୋର ପ୍ରୀତିପୂର୍ଣ୍ଣା
ମାନସୀ କବିର ପ୍ରିୟତମା
ସେ ଝର ଝରଣ ନୁହେଁ ଅପୂର୍ଣ୍ଣ ଆଶାର
ଅବା ଉଷ୍ମ ଲୁହ ଦୀର୍ଘ-ଶ୍ୱାସ ଅପ୍ରାପ୍ତିର

ସିଏ ବିନ୍ଦୁ ଭାବ ଓ ଭାଷାର
ତୁମ ଶବ୍ଦ ସାଗରର ଅଥଳ ଉତ୍ସର
ସେଇ ସଙ୍ଗମରେ ଆଜି ପ୍ରତିଭା ଆସର
ଆଙ୍କିବ କି ଲେଖା ଆମ ସୃଜନୀ ସ୍ୱାକ୍ଷର !

– ସରଯୂ

ଆଙ୍କିବ କି ଲେଖା ଆମ ସୃଜନୀ ସ୍ୱାକ୍ଷର !
ପାଠକ ହୃଦୟେ ତୋଳି ମମତ୍ୱ ଝଙ୍କାର
ପାରିବ କି ଛୁଇଁ କହ ଜହ୍ନର ଅନ୍ତର
ପଢି କି ପାରିବ କଇଁ ବେଦନା ଅଶ୍ରୁର

ଶବ୍ଦ ଅର୍ଥ ଭାଷା ଭାବ କାନ୍ତ କମନୀୟ
ତରଳ ସରଳ ଭଙ୍ଗିମାର ବିନିମୟ
କ୍ଷଣେ ଲଂଘେ ହୃଦସିନ୍ଧୁ କ୍ଷଣକେ ସେ କୂଳ
ମିଛ ନୁହେଁ ଛୁଇଁପାରେ ସବୁରି ଅନ୍ତର

– ଜ୍ୟୋତ୍ସ୍ନା

କବିର ରାଗିଣୀ

କବି ପରାଣର ଭାଷା ଭଙ୍ଗିମାରେ
ସାବଲୀଳ ଭାବ ଛନ୍ଦ
ଛନ୍ଦରେ ଆବଦ୍ଧ ଗୀତିମୟ ପଦେ
ବଖାଣେ କବିର ହୃଦ
ହୃଦୟର ସେଇ ଅକୁହା କଥନୀ
ଗୁନ୍ଥି ହୁଏ ଶବ୍ଦମାଲ୍ୟ
ଶବ୍ଦମାଲ୍ୟ ଶୋଭେ କବି କଳ୍ପନାରେ
ରଚି କବିତା ଅମୂଲ୍ୟ
ଅମୂଲ୍ୟ କୃତିରେ ପ୍ରେରଣା ପ୍ରକର୍ଷ
ଭରେ ଆଲୋକ ଆଧାର
ଆଧାର ଜ୍ୟୋତି ସେ ଭରସାର ସ୍ତମ୍ଭ
ଦିବ୍ୟ ମାର୍ଗଦର୍ଶନର

– ସରଯୂ

ଭାବ ଅନୁଭାବ

ମାର୍ଗଦର୍ଶନର ଅପୂର୍ବ ଜ୍ୟୋତିରେ
ଆଲୋକିତ ଛାୟାପଥ
ଛାୟାପଥ ଧାରେ କବିର ରାଗିଣୀ
ମାୟାମୁଗ୍ଧ ଅନୁଭବ
ଅନୁଭବର ସେ ଅନୁପମ ଛନ୍ଦ
ଗୀତିମୟ ସୁଧାଧାର
ସୁଧାଧାର ଯହିଁ ହୃଦୟେ ନିର୍ଝର
ବାଣୀକୃପା ନିରନ୍ତର
ନିରନ୍ତର ଧ୍ୟାନ ଶବ୍ଦ ଅର୍ଥେ ମନ
ଭାବ ସମୁଦ୍ରେ ମଗନ
ମଗନ ରହିଲେ କଳ୍ପଲୋକ ଛୁଏଁ
ସାର୍ଥକ କବି ଜୀବନ

– ଜ୍ୟୋତ୍ସ୍ନା

କାବ୍ୟ କାଦମ୍ବିନୀ

ଜୀବନଟା ମୋର ସିନା ସ୍ପନ୍ଦନ ତୁମର
ତୁମର ଉଷ୍ମତା ଭରା ଶ୍ୱାସରେ ମୋହର
ମୋଅର ଏ ମୋହରରେ କିଛି ନୁହେଁ ଆମ
ଆମ ସ୍ନେହାର୍ଦ୍ରଓଢ଼ଣା ଖାଲି ଭାବପୂର୍ଣ୍ଣ
ଭାବପୂର୍ଣ୍ଣ ହୃଦତଳେ ଅସୀମ କଳ୍ପନା
କଳ୍ପନା ସେ ରୂପଦେଉ ନୂତନ ରଚନା
ରଚନାରେ ଆଙ୍କିଦେଉ ସ୍ୱର୍ଗୀୟ ସପନ
ସପନରେ ଝରୁଥାଉ ମଧୁମୟ ସ୍ୱନ

– ସରଯୂ

ମଧୁମୟ ସ୍ୱନର ସେ
ଅପୂର୍ବ ରାଗିଣୀ
କଳ୍ପନାର ରାଜପଥେ
ହେଉ ବିଜୟିନୀ
ବିଜୟୀ କୀର୍ତ୍ତି କିରୀଟ
ଶୋଭୁଥାଉ ଶିରେ
ଝରୁ କାବ୍ୟକାଦମ୍ବିନୀ
ପ୍ରୀତିସୁଧା ଧାରେ

– ଜ୍ୟୋସ୍ନା

କବିତାର ଛନ୍ଦେ ଛନ୍ଦେ

କବିତା କାମୋଦୀ ତୁମେ ରାଗ ରାଗିଣୀରେ
ଲଳିତ ଲସିତ ଲାସ୍ୟ ଯା' ଲାଲିଅଧରେ
ବଧୁଲି କୁସୁମ ରଙ୍ଗ ଚାରୁ ଚିବୁକରେ
ପଲ୍ଲବେ ଲାବଣ୍ୟ ଛଟା ଅଙ୍ଗଭଙ୍ଗିମାରେ
କବିତା ତୁମ ଝଲକେ ମୋ ସ୍ୱପ୍ନେ ଜାଗରେ
କଞ୍ଚେ ଚିତ୍ର ଅନୁକ୍ଷଣ ବର୍ଣ୍ଣିଳ ଛିଟାରେ

ଅନୁରାଗେ ନିରେଖି ସେ ସଜଳ ନୟନ
ଭାବାବେଗେ କ୍ଷଣେ କ୍ଷଣେ ହୃଦ ହୁଏ ମଗ୍ନ
ତୁମେ କି ଗୋ ନିରୁପମା ଶିଳ୍ପୀର ଶ୍ରେୟସୀ
ଭାବମୁଗ୍ଧ ଭାମିନୀ ସେ କବିର ପ୍ରେୟସୀ
ନିଖୁଣ କାନ୍ତିର ସେଇ ଅପ୍ରତିମ ଛନ୍ଦ
ସେ ଛନ୍ଦରେ ବନ୍ଧା ମୋର ନିହାଣ ଶବଦ

– ସରଯୂ

ଭାବ ଅନୁଭାବ

ସେ ଛନ୍ଦରେ ବନ୍ଧା ମୋର
ନିହାଣ ଶବଦ
ସେ ଛନ୍ଦରେ ନାଚେ ମୋର
ପାଦର ପାଉଞ୍ଜି

ସେ ଛନ୍ଦରେ ଗାଏ ମୁହିଁ
ପ୍ରୀତିର ମହ୍ଲାର
ସେ ଛନ୍ଦରେ ମଗ୍ନ ମନ
ତୋଳେ ସାତସୁର

ସେ ସାତସୁରେ ମୋ ଛନ୍ଦ
ହୁଏ ଏକାକାର
ଲେଖନୀରୁ ଝରି ଆସେ
କବିତା ନିର୍ଝର

— ଜ୍ୟୋସ୍ନା

ଝରା ସୁମନ

ସେଦିନର ପାହାନ୍ତି ପହରେ
ଥାପୁଡ଼େଇ ଦେଲ ତୁମ କୋମଳ ହାତରେ
ସପନରେ ଭିଜିଥିବା ନୟନ ପତାରେ
କଳ୍ପନାରେ ହଜିଥିବା କୁଞ୍ଚିତ ଭାଲରେ
ଗୁଣୁଗୁଣୁ ତୁମ ଗୁଞ୍ଜନରେ
ଆଶ୍ୱାସର କୁହୁକ ସୁରରେ

ଅନ୍ତିମ ସେ ପହର ନଇଁଲା
ସପନ ଭାଜିଲା ଆଉ କଳ୍ପନା ରୁଜିଲା
ଖୋଜୁଛି ମୁଁ ମୁଦା ନୟନରେ
ତୁମର ସେ କୋମଳ ପରଶ
ଯାଦୁଭରା ଅମିୟ ଆଶ୍ୱାସ
ସତେ କି ଫେରନ୍ତା ମୋର ଅଫୁରନ୍ତ ଉତ୍ସ
ହଜିଲା କବିତା ଝରା ସୁମନର ଗୁଚ୍ଛ

– ସରଯୂ

ହଜିଲା କବିତା ଝରା
ସୁମନର ଗୁଚ୍ଛ
ଅବା କିଏ ହରିନେଲା
ମୋ ଅମୃତ ଉତ୍ସ
ଭାଷା ନାହିଁ ଭାବ ନାହିଁ
ନୀରବ ନିଶିଥ
କଲପନା ସ୍ୱପ୍ନ ନାହିଁ
ମୁଁ ଆଜି ବିବଶ

ସାରାରାତି ଉଜାଗରେ
ଉଦାସେ ବସିଛି
ଝରୁଛି ନୟନୁ ନୀର
ଲେଖନୀ ଭିଜୁଛି
ପଣତ ବିଛାଇ ଯେବେ
ଶବ୍ଦକୁ ଡାକୁଛି
ଆଢୁଆଳୁ କେହି ଜଣେ
ପଥ ତା' ରୋଧୁଛି

– ଜ୍ୟୋସ୍ନା

ପଥହରା ଦିଗବଧୂ

କାଉଁରୀର କାଠି ନେଇ ଉଡିଆସ ତୁମେ
ପରୀର ଡେଣା ମେଲାଇ ସରଗ ରାଇଜୁ
ମନମୋହି ପରଶରେ ବଶ କରିଦିଅ
ରଙ୍ଗ ଅନୁରାଗେ ଭରା ପ୍ରୀତିର ତରାଜୁ

କଳ୍ପନାକାମିନୀ ସାଜି ଆସ ମୋ ସପନେ
ଭରି ପ୍ରେମକୁମ୍ଭେ ତୁମ ପାବନୀର ଧାରା
ଭାଷାଭାବ ଭୂଷଣରେ ଝଲସି ଭାସ ଗୋ
ସତେ ଅବା ପଥହରା ଦିଗବଧୂ ଅପସରା

– ସରଯୂ

ସତେ ଅବା ପଥହରା
ଦିଗବଧୂ ଅପସରା
ଗାଉଛି ପ୍ରଣୟ ଗୀତି
ମଧୁମୟ ଅପାସୋରା
ମାଟି ଗନ୍ଧେ ହଜି ହଜି
ହଜିଲାପଥକୁ ଖୋଜି
ଆଙ୍କେ ସେ କଳ୍ପନା ଛବି
ପ୍ରୀତି ପଲଙ୍କରେ ବସି
କାଉଁରୀ ପରଶେ ଯାର
ଫୁଟେ ଆଶାର କରବୀ
ସେ କେଉଁ ଦରଦୀ କବି
ଲେଖୁଛି ମରମ ଗୀତି
ଦେଖି ତାକୁ ନୟନରେ
ରାତି ରାତି ସପନରେ
ଜହ୍ନହସେ ଆକାଶରେ
ଦିଗବଧୂ ହସ ଝରେ
ସଧୀରେ ସେ ଫେରିଯାଏ
ତା ରାଇଜେ ଅମୃତ ଲଗ୍ନରେ

– ଜ୍ୟୋସ୍ନା

ଭାବେ ଆତ୍ମୀୟତା

ଭାବାନୁଭାବର ଛନ୍ଦେ ପ୍ରୀତି ମଧୁରତା
ଶବ୍ଦରେ ଶବ୍ଦରେ ଖଞ୍ଜେ ଅନୁଭବ କଥା
ଶବ୍ଦରେ ଶବ୍ଦରେ ଭାଷେ ହୃଦୟ ବାରତା
ସୂକ୍ଷ୍ମାତିସୂକ୍ଷ୍ମ ନିଗୁଢ଼ ଭାବେ ଆତ୍ମୀୟତା

- ଜ୍ୟୋସ୍ନା

ଭାବରେ ଭାବରେ ଗୁନ୍ଥା ପ୍ରୀତି ପୁଷ୍ପମାଲ୍ୟ
ଶବ୍ଦ ଭୂଷଣେ କାବ୍ୟିକ ମଣ୍ଡଣି ଅମୂଲ୍ୟ
ଅନୁଭାବ ଭାବେ ଛନ୍ଦା କବି ଭାବଭୋଳ
ଆଶେ ଭାବଗ୍ରାହୀ କୃପା କଣେ କଇବଲ୍ୟ

- ସରଯୂ

କବିତା ଜାହ୍ନବୀ

ଅପୂର୍ବା ଅନନ୍ୟା କବିତା ଜାହ୍ନବୀ
ବିସ୍ମିତ ବିମୁଗ୍ଧ କରେ ଦିବ୍ୟଛବି
ଝରିଆସେ ସ୍ୱତଃ ପରମ ପାବନୀ
ପରିତୃପ୍ତ ହୃଦ ଦେଖି ତୋ ସୃଜନୀ

– ଜ୍ୟୋତ୍ସ୍ନା

ଦିବ୍ୟଛବି ଆଙ୍କେ ଚିତ୍ର କବିତାର
ଅନିନ୍ଦ୍ୟ ନିର୍ମିତି ତୁମ ଲେଖନୀର
ସୁରମ୍ୟ ସୂଚନା ସୁରୁଚି ଶବ୍ଦର
ଯୋଗ୍ୟ ବିବେଚନା ନାହିଁ କା' ଆନର

– ସରଯୂ

ଅଂଶ: ୨

କବିର କବିତା

କବିତା ଗୋ ତୁମେ,
ସବୁଜ ମନର ବନାନୀ
ତୁମେ କବି ପାଇଁ ହେମହରିଣୀ
ତୁମ କାୟାରେ ମାୟାରେ
ମମତା ଭରିଛି
ତୁମେ କି ଗୋ ମଧୁଯାମିନୀ !
— ଜ୍ୟୋସ୍ନା

ମଧୁଯାମିନୀର ମଧୁରବେଳାରେ
ମୃଦୁଗନ୍ଧ ଭରି ରଜନୀଗନ୍ଧାରେ
ମଧୁମୟୀ ମୋର କବୟିତ୍ରୀ ପ୍ରିୟା
ତୂଳୀ ସ୍ପର୍ଶେ ତୁମ ଚିତ୍ରିତ ମୋ ହିଆ
ମମତାର ଫୁଲେ ସାଜ ମଧୁଶଯ୍ୟା
ପ୍ରୀତିଦୀପେ ସିଞ୍ଚ ଚେତନାର ଉର୍ଜା
ଲେପିଦିଅ ଅଙ୍ଗେ ସୃଜନୀର ରଙ୍ଗ
ଖେଳୁ ଧିମି ଧିମି ମାଦକ ତରଙ୍ଗ
ହେମହରିଣୀର କାୟା କୁହୁକରେ
ସୁନେଲିରଙ୍ଗର ମୋହନଜାଲରେ
ମାୟାଭରା ଆଜି ସବୁଜ ବନାନୀ
ପ୍ରତିକ୍ଷିତା ତୁମ କବିତା କାମିନୀ

– ସରଯୂ

କବିତା କାମିନୀ

କବିତା କାମିନୀ ତୋର
ହସୁଥାଉ ଅଷ୍ଟମୀ ତିଥିରେ
ପୁଲକିତ ହେଉଥାଉ ପ୍ରାଣପ୍ରାଚୁର୍ଯ୍ୟରେ
ମହାମାୟା ଆଗମନେ
କସ୍ତୁରୀ ଓ ଚନ୍ଦନବାସ୍ନାରେ
ଗହ ଗହ ବେଦର ନିନାଦେ
ସର୍ଜନାର ସ୍ପନ୍ଦିତ ଓଁକାରେ
ଅନାହତ ଅପୂର୍ବ ଝଙ୍କାରେ
କଲ୍ୟାଣୀୟା ଅନୁଜା ମୋ
ହଜିଯାଉ ଭାବ ପାରାବାରେ
ମୁଗ୍ଧା ହେଉ ଯୋଗମାୟା ଅମୀୟକୃପାରେ
ସୃଜନୀର ସ୍ନିଗ୍ଧ ପରଶରେ

– ଜ୍ୟୋସ୍ନା

ସୃଜନୀର ସ୍ନିଗ୍ଧ ପରଶରେ
ଓଁକାରର ମନ୍ଦ୍ର ନିନାଦରେ
ହଜିଯାଉ ତୃଷାତୁର ଆତ୍ମା
ପୂତ ବେଦମନ୍ତ୍ର ନିର୍ଝରାରେ
ସପ୍ତମୀର ପ୍ରାଣପ୍ରତିଷ୍ଠାରେ
ଅଷ୍ଟମୀର ହସନ୍ତ ତିଥିରେ
ସିଦ୍ଧିପ୍ରଦା ପ୍ରସନ୍ନ ମୁଦ୍ରାରେ
ସିଞ୍ଚିଦ୍ୟନ୍ତୁ ଆଶିଷ ବାରିରେ
ପାର୍ବଣର ଅମୃତ ବେଳାରେ
ମହାମାୟା ପଙ୍କଜ ପୟରେ
ଯଜ୍ଞର ସେ ସୁଦୀପ୍ତବହ୍ନିରେ
ପରିମିତ ବେଦୀପରିଧୀରେ
ଆଶୀର୍ଗର୍ଭା ସ୍ୱର୍ଣ୍ଣ ଲେଖନୀରେ
କବିତା ସେ ଉଭାହେଉ
କାମିନୀ ରୂପରେ

— ସରଯୂ

ଛଳଛଳ କବି ସ୍ୱର

କଳକଳ କବି ସ୍ୱର
ଭାଷା ସଞ୍ଜୀବନୀ ନୀର
ଭାବ ତରଙ୍ଗ ଅଥଳ
ମନକୁ କରେ ଅଧୀର

ଛଳଛଳ କବି ସ୍ୱର
ପ୍ରୀତିର ନିର୍ମଳ ଝର
ଅମୃତ ପରଶ ଯାର
ପରାଣ କରେ ବିଭୋର

— ଜ୍ୟୋସ୍ନା

ଭାବ ଅନୁଭାବ

ପରାଣ କରେ ବିଭୋର
ମନ ମୋହେ ଶବ୍ଦ ଖେଳ
ନିବିଡ଼ ଭାବର କ୍ଷର
ସ୍ପର୍ଶ ଆଶେ ଅନାବର

କଳକଳ ଲେଖା ଧାର
ଆବେଗ ବେଗେ ଉଚ୍ଛଳ
ଅବାରିତ ଝର ତାର
ମିଳନ ହେତୁ ଆତୁର
କାବ୍ୟଲଳନା ସଂଯୋଗ
କୃତି କବି ମାନସର

- ସରଯୂ

ଶବ୍ଦଙ୍କ ଉଡ୍ଡାଣ

କାହାର ଏ ପଦଶବ୍ଦ
ଭଗ୍ନମନେ ଜଗାଏ କମ୍ପନ
ଡହକ ହୃଦୟେ ମୋର
ଲେପିଦିଏ ଶୀତଳ ଚନ୍ଦନ

କାହିଁକି ଏ ଆତୁରତା
ନୀରଭିଜା ମାନସ ମନ୍ଥନ
ଧାରେ ନିଦ ସ୍ୱପ୍ନେ ହଜେ
ଧାରେ ଖୋଜେ ଶବ୍ଦଙ୍କ ଉଡ୍ଡାଣ

-ଜ୍ୟୋସ୍ନା

ଧାରେ ସ୍ୱପ୍ନେ ଶବ୍ଦଙ୍କ ଉଡ୍ଡାଣ
ଭାଙ୍ଗେ ମନ ତୁଟେ ଯେ ସପନ
ଧାରେ ଲୁହେ ଭିଜିଯାଏ
ହଜିଯାଏ କବିର ଲେଖନ

ଧାରେ ହସ ଭରେ ଓଠେ
କକ୍ଷେ ଯେବେ ଆତ୍ମିକ ମିଳନ
ଧାରେ ଆଶା ଛବି ଆଙ୍କେ
ଭରି ହୃଦେ ଶତେକ ସ୍ପନ୍ଦନ

ଧାରେ ଲେପ ଚନ୍ଦନର
ଖେଳେ ଅଙ୍ଗେ ଶୀତ ଶିହରଣ
ଧାରେ ସ୍ୟାହି ଲେଖେ ଗାଥା
ଧାରାସିକ୍ତ ଲେଖନୀରେ ଶବ୍ଦଙ୍କ ଉଡ୍ଡାଣ

– ସରଯୂ

ଆକାଂକ୍ଷାର ପଦ୍ମବନ

ଆଶା ଆକାଂକ୍ଷାର ପଦ୍ମବନରେ
ଗୁଞ୍ଜନ କରେ ଅଳି
ଦୃଢ଼ ମନୋବଳ ବାଧା ବନ୍ଧନ
ନିମିଷକେ ପାରେ ଟାଳି
ସାଧନାର ପଥେ ଶ୍ରଦ୍ଧାଦ୍ୟୋତନେ
ଫୁଟେ ପ୍ରଜ୍ଞାନ କଳି
ସୁଧାମୟ ଲେଖନୀରୁ ଝରିଆସେ
କାବ୍ୟ କବିତାବଳୀ

— ଜ୍ୟୋସ୍ନା

କବିତାବଳୀର କାରୁକାର୍ଯ୍ୟରେ
ମୋହିତ ରସିକ ମନ
ପୀୟୂଷର ଝର ପ୍ରେରଣା ପରଶେ
ଭରେ କବି ତନୁ ମନ
ଭାବ ଭାଷା ଆଉ ଶବ୍ଦ ବିନ୍ୟାସରେ
ରୁଚିର ହୁଏ ଲେଖନ
ଅନାବର ହୁଏ କଲମର ଝର
ଅନାହତ କବି ସ୍ୱନ

ଅଳିର ଗୁଞ୍ଜନ ଭରେ ପଦ୍ମବନ
କବି ଆଜି ଆତ୍ମହରା
ଆକାଂକ୍ଷା ମଦରେ ପାତ୍ର ଭରିଛି
ଆଶାଦୀପ ଜଳେ ତୋରା
ସାଧନା ପଥର ଦିଗ୍ ଦର୍ଶିକା ହେ
ଜ୍ଞାନର ପରଶମଣି
ନିମିଷ ପରଶେ ପ୍ରତିଭା ସ୍ତବକେ
ସଜାଇଲ ଏ ଲେଖନୀ

– ସରଯୂ

ଛଳନାର ମୁଖା

ନଗକୁ ମାଗିଛି ଶୀତଳ ଝରଣା
ଚାନ୍ଦକୁ ରୂପେଲି ଜୋଛନା,
ସୁମନାକୁ ମାଗେ ଭୁରୁ ଭୁରୁ ବାସ୍ନା
ଧରାକୁ ପ୍ରୀତିର ଝୁଲଣା
ପ୍ରକୃତିକୁ ମାଗେ ଶ୍ୟାମ ସବୁଜିମା
ଭାନୁକୁ ମାଗିଛି ରକ୍ତିମା
ବିହଗକୁ ମାଗେ ସ୍ୱଚ୍ଛନ୍ଦ ଗତି ମୁଁ
ନୀଳ ଆକାଶକୁ ନୀଳିମା
କାହାକୁ କହିବି ମରମ ବେଦନା
କିଏ ଦେବ ଆଶ୍ୱାସନା
ସଭିଏଁ ଲାଗନ୍ତି ଆପଣାର ସିନା
ଅଚିହ୍ନା ସବୁ ଠିକଣା
କା' ସାଥେ ବାଣ୍ଟିବି କହ ପ୍ରିୟସଖୀ
ଜୀବନ ଜଞ୍ଜାଳ ଯନ୍ତ୍ରଣା
ମୁଖା ତଳେ ଆଜି ଜଳଜଳ ଦିଶେ
ପ୍ରତାରଣା ଆଉ ଛଳନା

– ଜ୍ୟୋସ୍ନା

ଛଳନାରେ ଭିଜା ଏଇ ହୃଦ ଆନମନା
ଚିହ୍ନି ବି ଅଚିହ୍ନା ହୁଏ ଭାବରାଜ୍ୟେ ସିନା
'ନଗ'ର ଝର ସେ ନିଧି କବି ଲେଖନୀର
ତୁମେ ପରା ରୂପାଜହ୍ନ ଜୋଛନାର ଝର
ପଦ୍ମିନୀ ତନୁ ବିତରେ ମହକ ଫୁଆର
କି ଦେଇ ତୋଷିବ ଚାରୁ ସୁମନା ସମ୍ଭାର
ସାଜେ ଧରା ଶ୍ୟାମା ତୁମ ପ୍ରୀତିର କୁଞ୍ଜରେ
ସଲ୍ଲଜ ଲାଲି ଚିବୁକ ଲୁଚାଏ ଭାନୁରେ
ପ୍ରକୃତି ପ୍ରବାହ ତୁମେ ଗତି ବିହଗର
ଆଶ୍ୱାସନା ଉସ୍ସ ପୁଣି ଭାବର ଆକର
ମମତ୍ୱ ନିବିଡବନ୍ଧ ରେଶମୀ ଗ୍ରନ୍ଥିର
ଅନିନ୍ଦିତା କଳା ତୁମେ ସ୍ନିଗ୍ଧ ସୃଜନୀର

– ସରଯୂ

କବିର କାକଳୀ

କବିର କାକଳୀ କାବ୍ୟ ଅନୁସରି
ଗୁଣୁ ଗୁଞ୍ଜନ କରେ
ଶୀତ ଶିଶିରର ପାହାନ୍ତି ପ୍ରହରେ
ମଙ୍ଗଳଗୀତି ସୁରେ
ସ୍ମୃତି ଯେବେ ଝୁରେ ଲକ୍ଷେ ସପନ
ନୟନେ ଲୋତକ ଭରେ
ମନ ଉପବନେ ଉଦାସୀ ବିହଗୀ
ବିରହ ରାଗିଣୀ ତୋଳେ
କାହିଁଦୂରେ ଜହ୍ନ କାହିଁଦୂରେ କଇଁ
ଇୟତ୍ତା କି ତାର ଥାଏ ?
ପ୍ରେମର ମଧୁର ମାଧୁରୀ ଏମିତି
ସର୍ବତ୍ର ମହକୁ ଥାଏ
ମନ ଛଳଛଳ ଆଖି ଛଳଛଳ
ହୃଦ ରାଗ ଛଳଛଳ
ଛପନଭୋଗର ଛପନ ମହକ
ପୂତ ମହୋଦଧି ଜଳ

– ଜ୍ୟୋସ୍ନା

ମହୋଦଧି ଜଳରାଶି ପରିମଳ
ତ୍ରିବେଣୀ ସଙ୍ଗମ ଧାର
ସ୍ମୃତିର ସନ୍ତକ ନେଇ ଅବଗାହେ
ଅନୁରାଗ ବାରମ୍ବାର
ସପନ ତରଣୀ ଯାଏ ଭାସି ଭାସି
ମାନେନି ଅଥଳ ଢେଉ
ବିଧୁର ମନର କୋଣେ ଅନୁକୋଣେ
ସିଞ୍ଚେ ଶୃଙ୍ଗାରର ମହୁ
ସପ୍ତରଙ୍ଗର କୁହୁକେ ଭରେ ସେ
କୁମୁଦା ନୟନେ ଆଶା
କୌମୁଦୀର ଛଟା ଇଙ୍ଗିତେ ପଠାଏ
ଯୁଗଳ ହୃଦୟ ଭାଷା
ଆୟତ ଇୟତ୍ତା ନ ପାଏ ପ୍ରଣୟୀ
ମଧୁଭରା ମନପରେ
ପ୍ରୀତି କଳକଳ, ଗୀତି କଳକଳ
କାମନା ମଧୁପାତ୍ରରେ

– ସରଯୂ

ବିଭୋର ପଣ

ଏ କେଉଁ ବିଭୋର ପଣ
କାହାର ଏ ଅମୃତ ପରଶ
ଅଥୟ ଅଧୀର କରେ
ଆଖିରୁ ମୋ ନିଦ ଲୁଟିନିଏ

ଏ କେଉଁ ବିଭୋର ପଣ
କାହାର ଏ ଅପୂର୍ବ ଉଲ୍ଲାସ
ଗୁଣୁ ଗୁଣୁ ଗୀତ ଗାଏ
ହୃଦୟ ମୋ ଛୁଇଁ ଛୁଇଁ ଯାଏ

ଏ କେଉଁ ବିଭୋର ପଣ
କାହାର ଏ କୁହୁକର ଦେଶ
ସୁଖ ଦିଏ ସ୍ୱପ୍ନ ଦିଏ
ଶାନ୍ତିଦିଏ ତୃପ୍ତି ଦିଏ
ଅବୁଝାମନକୁ ଯିଏ
ବୁଝିନିଏ ମୋର
ଦିବ୍ୟାନନ୍ଦେ ଭରିଦିଏ
ମୋ ହୃଦୟ ସର
ମେଘରେ ମହ୍ଲାର ଭରି
ଶବ୍ଦରେ ଝଙ୍କାର ତୋଳି
ଲେଖନୀରୁ ଝରେ ସାତସୁର

– ଜ୍ୟୋତ୍ସ୍ନା

ସେଇ ସେ ବିଭୋରପଣ
ସେଇ ସ୍ନିଗ୍ଧ ମାଦକତା,
ଝରେ ଯହିଁ ତୁମ ଲେଖନୀରୁ
ଦିବ୍ୟ ସପ୍ତସୁରର ସଂହିତା
ପ୍ରେରଣାର ପ୍ରବାହୀ କବିତା

ସେଇ ସେ ବିଭୋରପଣ
ମହକାଏ କବିର ଅଙ୍ଗନ
ପ୍ରତିଭାର ଶତଦଳେ
ଭାବରସ କଳିକାରେ
କବିତା ବାସ ଫୁଆରେ
ମହକ ବିତରୁଥାଏ
ରଜନୀ ବି ଝୁମି ଝୁମି ଗାଏ

ସେଇ ସେ ବିଭୋରପଣ
ସ୍ମୃତି କରେ ରୋମନ୍ଥନ
ଚୋରାଏ ନିଦ୍ରିତ କ୍ଷଣ
ଲଳିତ ସେ ପଦବଲ୍ଲୀ
ଝରୁଥାଏ ଅବାରିତ ଲେଖ ତରଙ୍ଗରେ

– ସରଯୂ

অংশ: ୨

ଚକ୍ରବ୍ୟୂହ

ଝରାପତ୍ରର ଆର୍ତ୍ତନାଦ ସେ ପଲ୍ଲବେ ଯାର ଆଶା
ଆଶାନିରାଶାର ଚକ୍ରବ୍ୟୂହେ ରଚିଥାଏ ଯିଏ ବସା
ବସାହରା ପକ୍ଷୀ ତ୍ରସ୍ତନୟନେ ଚାହେଁ ଯେବେ ଚଉଦିଶା
ଚଉଦିଶା ଦିଶେ ମେଘ ଅନ୍ଧାର ବିଜୁଳିର ଲୋକହସା
— ଜ୍ୟୋସ୍ନା

ବିଜୁଳିର ହାସ୍ୟ ମୁଗ୍ଧ ରଜନୀ ଢ଼ାଳେ ଆଶାୟୀ ଦୃଷ୍ଟି
ଦୃଷ୍ଟିର ପଥେ ଝଲକଇ ପୁଣି ସ୍ରଷ୍ଟାର ନବ ସୃଷ୍ଟି
ସୃଷ୍ଟିରେ ହୁଏ ଅନ୍ଧାର ଲୀନ ଝଲକେ ଉଦୟ ଶିଖା
ଶିଖାନ୍ତରେ ଖେଳେ ସ୍ୱର୍ଣ୍ଣିମଆଭା ସହସ୍ରମୟୁଖ ରେଖା
ରେଖା ପ୍ରତିରେଖା ଦିଏ କର୍ମେ ଦୀକ୍ଷା ବିତରେ ଉର୍ଜା ସକାର
ସକାରର ଦୀପ୍ତି ଭରେ ମନେ ଶକ୍ତି ପ୍ରତୀକ ସେ ସୃଜନର

– ସରଯୂ

ଜହ୍ନ ଆଲୁଅରେ

ସ୍ମୃତି ସେ ଚିର କୁମାରୀ
ପ୍ରୀତିଭରି ଅଙ୍ଗରେ ଅଙ୍ଗରେ
ବାଲିଘର ରଚେ ନାଚେ
ସପନର ସିକତା ଶେଯରେ

ସ୍ମୃତି ସେ ରାଈ କିଶୋରୀ
ଲୁଚକାଳି ଖେଳରେ ଖେଳରେ
ଲେଖି ରଖେ କେତେ କଥା
ସମୟର ଜହ୍ନ ଆଲୁଅରେ

– ଜ୍ୟୋସ୍ନା

ସମୟର ଜହ୍ନ ଆଲୁଅରେ
ପ୍ରଣୟିନୀ କହ୍ଲ କଲ୍ଲୋଲରେ
ନବୋଢାର ଲାଜରେ ଲାଜରେ
ପ୍ରିୟତମ ହସରେ ହସରେ

ଅସରନ୍ତି କଥା ପସରାରେ
କୁଆଁରୀର ମନ ଅଙ୍ଗନରେ
ରୂପ ଦିଏ ସ୍ମୃତି ଲେଖନୀରେ
ଚାରୁ ପ୍ରୀତି କଲାରେ କଲାରେ

– ସରଯୂ

ଅଂଶ: ୭

ତୁ, ମୁଁ ଏବଂ କବିତା

ସୁଖମାନେ ଧାଡ଼ିବାନ୍ଧି
କରନ୍ତି ସ୍ୱାଗତ
ଦୁଃଖମାନେ ହାତ ଧରି
ବୁଣନ୍ତି ବିଷାଦ
ତା ମଝିରେ ତୁ ମୁଁ
କବିତା ନିବାସ
ତୋ ମୁହଁରେ ହସ ଭରେ
ମୋ ମୁହେଁ ସୁବାସ
— ଜ୍ୟୋସ୍ନା

ମୁହଁରେ ହସର ମଧୁ ଝରେ ଯେବେ ତୁମ
କବିତା କରବୀ ଡାକେଁ କବିର ଅଙ୍ଗନ
ଶବଦ ରାଶିରେ ସୁଖ ସାଉଁଟେ ତା' ହାତ
ଦୁଃଖର ପସରା ଦୂରେ ହୁଏ ନିର୍ବାସିତ
ଆବେଗର ବେଗ ଭରେ ଲେଖନୀର ଝରେ
ଭରେ ଦିବ୍ୟ ବାସ ଆମ କୃତିର ମନ୍ଦିରେ

– ସରଯୂ

ଏକ ପାଇଁ ଆନ

ସଂସାର ରଥ ଏ ଦୁଇଚକେ ଗଢ଼ା
ଗଡୁଥାଉ ନିରନ୍ତର
ଏକ ପାଇଁ ଆନ ପ୍ରାଣ ଝୁରୁଥାଉ
ନହେଉ ତିଳେ ଅନ୍ତର

ମମତାର ଗୀତି ସେନେହ ସଂପ୍ରୀତି
ସାରଧନ ଜୀବନର
ହୃଦୟୁ ହୃଦୟ ସଞ୍ଚରିତ ହେଉ
ଅମୃତ ମହିମା ତାର

— ଜ୍ୟୋସ୍ନା

ମହିମା ଅପାର ତା'ର ନିରନ୍ତର
ବିଞ୍ଚିଦିଏ ଆଶାରେଣୁ
ଏକ ଆରେକର ରେଶମୀ ବନ୍ଧନ
ସତେ କାହ୍ନା ହାତେ ବେଣୁ

ନିମିଷେ ଭଲାଏ, ନିମିଷେ ଦୂରାଏ
କୁହୁକ କିମିଆଁ ପରି
ଭବପାରାବାରେ ଜୀବନର ସ୍ଥିତି
ମାଝି ବିନା ଯେହ୍ନେ ତରୀ

- ସରଯୂ

ଜୀବନର ହାଟ

ସଭିଏଁ ତ ଚାଲିଗଲେ
ଯେ ଯାହାର ବାଟରେ
ପଛକଥା ଭୁଲିଗଲେ
ନିଜ ନିଜ ଆଣ୍ଟରେ
କିଣାବିକା ସାରିଦେଲେ
ଭବରଙ୍ଗ ହାଟରେ
ସମୟ ବି ବହିଗଲା
ଦେଖାଇ ତା ଥାଟରେ

– ଜ୍ୟୋତ୍ସ୍ନା

ଥାଟରେ ଚାଲିଲି ମୁଁ ଯେ
ସମୟର ବାଟରେ
ଲଗାଇ ନଟର ମୁଖା
ଦୁନିଆଁର ନାଟରେ
ଲୁଚାଇ ବେଦନା ଦୁଃଖ
ମୋ ହୃଦୟ ପେଟିରେ
ହସି ହସି ଯୁଝିଲି ମୁଁ
ଜୀବନର ପଟିରେ
ଖେଳିଲି ହରଷେ ଖେଳ
ରଙ୍ଗମଞ୍ଚ ପଟ୍ଟରେ
ସହୃଦୟ ସାଇତିଲି
ମୋ ସ୍ମୃତିର ପଟରେ

– ସରଯୂ

ଜୀବନର ଛବି

ଜୀବନର ଛବି ଅଙ୍କିତ ହୃଦୟେ
ମିଛ ସବୁ ବାହ୍ୟରୂପ
ଅନ୍ତରବାହାର ଏକାକାର ହେଲେ
ସୁନ୍ଦର ସେ ଅନୁଭବ

ମନରେ ରଖିବା ଅବା ଭୁଲିଯିବା
ନୁହଁଇ ସହଜ କଥା
ନିଜ ଇଚ୍ଛାରେ ଭୁଲି କେ ପାରିଛି
ଦୁଃଖ ଯାତନା ବ୍ୟଥା

ମମତା ବନ୍ଧନ ସମ୍ପର୍କ ସୁମନ
ବନ୍ଧୁତାରେ ବାସ ଭରେ
କଥାପଦକରେ ଅବା ହସଧାରେ
ପ୍ରୀତି ଅମୃତ ଝରେ

– ଜ୍ୟୋତ୍ସ୍ନା

ଅମୃତର ଝର ମନ୍ଦାକିନୀ ଧାର
ମଧୁକ୍ଷରା ହୃଦୟର
ଅମାନିଆଁ ଧାର ବେଗର ଆଧାର
ପ୍ରବାହ ଅବିନଶ୍ୱର
କଥା ପଦକରେ ଓଠର ହସରେ
ମିଶେ ଯେବେ ଅନ୍ତର୍ଭାବ
ମମତା ମୋତିର ଗୁନ୍ଥା ପ୍ରୀତିହାର
ନିଧି ସେ ନିବିଡ଼ ବନ୍ଧ

– ସରଯୂ

ଜୀବନର ମହାମନ୍ତ

ଆଲୁଅ ଯେତିକି ଅନ୍ଧାର ସେତିକି
ଘେରିଛି ଜୀବନେ ମୋର
ତଥାପି ଚାଲିଛି ଦୁର୍ଗମ ପଥେ
ମନବଳ ଦୁର୍ନିର୍ବାର
ଯେତେ ବାଧାବିଘ୍ନ ଭେଟିଛି ସେପଥେ
ଟଳି ଯାଇନାହିଁ ଦିନେ
ଶକ୍ତ ହୋଇଛି ଆଗଠୁ ଅଧିକ
ଶକ୍ତି ଲଭିଛି ମନେ
ଜୀଇଁବା ମରିବା କେଉଁ ବଡକଥା
ଏ ତ ବିଧିର ବିଧାନ
ସତ୍କର୍ମ ବଳରେ ମରି ବି ଅମର
ଯଶ ଦେହ ଚିରନ୍ତନ

– ଜ୍ୟୋସ୍ନା

ମଣିଷ ଜୀବନ ବହୁମୂଲ୍ୟ ଧନ
ଗତାୟୁ ସଞ୍ଚିତ ଫଳ
ସୁକର୍ମର ଦିଶା ସସୀମ ସୁଦଶା
ସାହସ ଶକ୍ତିର ମୂଳ
ଦୀପ୍ତ କରେ ପଥ ଚେତନା ପ୍ରତୀକ
ତମ ହୁଏ ପରାଭୂତ
ଜ୍ଞାନର ସଳିତା ବିତରେ ମାନବେ
ଜୀବନର ମହାମନ୍ତ୍ର

– ସରଯୂ

ସଞ୍ଜୀବନୀ

ମୁଗ୍ଧ ବିଭାରେ ବିଭୋର କରୁଛି
ତୁମ ଏ ଚିତ୍ର ରୂପ
ଛୁଇଁ ଦେଲା କିଏ ନିଦ୍ରିତ ପଦେ
ପ୍ରାଣ ଭରା ଅନୁରାଗ
ସଞ୍ଚିତ ବ୍ୟଥାବେଦନାରେ ମୋର
ଲେପିଛି କୋମଳ ସ୍ପର୍ଶ
ମୁରୁଛିବାକାଳେ ସିଞ୍ଚିଦେଇଛି
ସଞ୍ଜୀବନୀର ମନ୍ତ୍ର

– ଜ୍ୟୋସ୍ନା

ସଞ୍ଜୀବନୀର ମନ୍ତ୍ରପଦରେ
ପୂତ ପାବନୀର ଝର
ମୃଦୁ ପଦବନ୍ଧ ଅନ୍ତରେ ଅଭଙ୍ଗ
ହାତେ କାଠି କାଉଁରୀର
ଅପରୂପ ଆଭା ଚିତ୍ରରୂପେ ଶୋଭା
ଅରପଇ ଅନୁରାଗ
ରାଗରଙ୍ଗ ଭରା ସରାଗ ପସରା
ବୋଳିଦିଏ ଅଙ୍ଗ ଅଙ୍ଗ
ଲବଣୀ ପରଶ କୋଟିଏ ବିଶ୍ୱାସ
କ୍ଷଣକେ ବେଦନା ନାଶ
ଦିବ୍ୟ ସଞ୍ଜୀବନୀ ଭରେ ସେ ଜୀବନୀ
ସବୁ ଅଦୃଶ୍ୟ ଆଶିଷ

– ସରଯୂ

ସମୟର ଗାଥା

ସମୟ ଗାଇବ ଦିନେ ଆମ ପ୍ରୀତି ଗାଥା
ସମ୍ପର୍କର ସେତୁ ଏ ଯେ ମୈତ୍ରୀର ସଂହିତା
ଶକ୍ତିମୟୀ ବାଣୀଶ୍ରୀ ସେ ପ୍ରେରଣାର ଦାତ୍ରୀ
କବିତା ବନିତା ଲତା ସଭିଙ୍କର କର୍ତ୍ତ୍ରୀ
ପୁତ୍ତଳିକା ଆମେ ସବୁ ତାଙ୍କରି ହସ୍ତରେ
ନୃତ୍ୟ ଗୀତ ତାଳ ଲୟ ତାଙ୍କ ନିର୍ଦ୍ଦେଶରେ
କଳ୍ପନାର କଳ୍ପଲୋକେ ଦେଖାନ୍ତି ସେ ଦିଶା
ଆକଟନ୍ତି ଦୋଷ ତ୍ରୁଟି ଦିଅନ୍ତି ଭରସା
କଣ୍ଠରେ ସେ ବିରାଜନ୍ତି ଚେତନା ପ୍ରକାଶି
ବରଦା ଲେଖନୀ ଲଭେ ସୃଜନୀ ଶକତି

– ଜ୍ୟୋସ୍ନା

ଲେଖନୀରୁ ଝରୁ ଭାବ ପ୍ରଗଳ୍ଭ ପ୍ରବାହ
ଭରିଦେଉ ଅସୁମାରୀ ତାଳ ଛନ୍ଦ ଲୟ
ରାଗରଙ୍ଗ ନବରସ ରାସ ସମୀଚିନ
ପ୍ରତିଭାରେ ସମଯୁକ୍ତ ବାକ୍ ପରିପୂର୍ଣ୍ଣ
ସହୃଦୟ ପାଠକର ବାଚନ ସ୍ୱୀକାର
ବାଚ୍ୟ ଆଉ ଲେଖକଙ୍କୁ ଦିଏ ଅଙ୍ଗୀକାର
ନିର୍ମିତିର ସଂଳାପରେ ପ୍ରେରଣାର ଶକ୍ତି
ଭରେ ସଂପର୍କ ସେତୁରେ ସ୍ରୋତମୟ ପ୍ରୀତି
ଲତାରୂପୀ ବନିତାରେ କବିତା ଭୂଷଣ
ସଜାଉ କବି ସୀମନ୍ତେ ଜ୍ଞାନ ଆଭୂଷଣ
ରହୁ ପ୍ରୟାସରେ ସଦା ଆଶିଷର ଛାୟା
ବିରାଜୁ କିରୀଟି ସମ ଯଶୋଗୁଣ ମାୟା
ସାରସ୍ୱତ ଭାବେ ଚିତ୍ତ ହେଉ ମୂର୍ତ୍ତୀମନ୍ତ
ବାଣୀଶ୍ରୀର କୃପା କରୁ ସଦୈବ ଶ୍ରୀମନ୍ତ

– ସରଯୂ

ଅଂଶ: ୩

ରଙ୍ଗ ତରଙ୍ଗ

ରଙ୍ଗତରଙ୍ଗରେ କବି

ରଙ୍ଗର ତରଙ୍ଗ ସୃଜି ଭାବସମୁଦ୍ରରେ
ସପ୍ତରଙ୍ଗୀ ମୋତି ଖଚି ସ୍ୱାତୀ ନକ୍ଷତ୍ରରେ
ସାଇତି ରଖିବି ସ୍ମୃତି ଶାମୁକା ଗର୍ଭରେ
ସାରସ୍ୱତ ସାଧନାର ସ୍ୱର୍ଣ୍ଣିମ ବେଳାରେ ।।

- ଜ୍ୟୋସ୍ନା

ସାରସ୍ୱତ ସାଧନାର ସ୍ୱର୍ଣ୍ଣିମ ବେଳାରେ
ଭାବର ଉଜାଣି ବହେ ଅର୍ଣ୍ଣବ ଏପାରେ
କବିରବି ଗୁନ୍ଥେ ମୋତି ସୃଜନୀ କୌଶଳେ
ରଙ୍ଗତରଙ୍ଗରେ କବି ଶବ୍ଦପ୍ରାଶ ତୋଳେ ।।

- ସରଯୂ

ଶେଫାଳି ଗୋ

ଶେଫାଳି ଗୋ ତୁମ ରୂପର ଚମକ
ଅନ୍ତର ଛୁଇଁଯାଏ
ମହକେ ତୁମର ମୁଗ୍ଧ ବିଭୋର
ମନ କାହିଁ ହଜିଯାଏ

- ଜ୍ୟୋସ୍ନା

ଶେଫାଳି ଗୋ ତୁମ ବାସର ଚହକ
ଆନମନା କରିଦିଏ
କବି ପ୍ରିୟା ତୁମ ଲେଖନୀ ଚମକ
ଶିହରଣ ଭରିଦିଏ

- ସରଯୂ

ହୃଦୟର ଗୀତ

କବି ପ୍ରିୟା ତୁମ ମନର ମହକ
କବିତାରେ ଲେପଦିଏ
ଶବ୍ଦଫୁଲର ଗୁମ୍ଫିତମାଳା
ହୃଦୟର ଗୀତ ଗାଏ

- ଜ୍ୟୋତ୍ସ୍ନା

ହୃଦୟର ଗୀତ ଗାଏ ଯେବେ ତୁମ
ମଧୁଗୁଞ୍ଜି ଶୁଭିଯାଏ
ଦିବ୍ୟ ମୁରୁଛନା କବିତା ରୂପରେ
ହୃଦ ତାର ତରଙ୍ଗାଏ

- ସରଯୂ

ଜହ୍ନ ଆଉ ଜ୍ୟୋସ୍ନା

ଜହ୍ନ କି ବୁଝିଛି କହ
ଜୋଛନାର ଝରିବାର ବ୍ୟଥା
ତଟିନୀର ନୀର ସିନା ବୁଝିପାରେ
ତା ମନର ଗହନ କବିତା

— ଜ୍ୟୋସ୍ନା

ରଙ୍ଗ ତରଙ୍ଗ

ଗହନ କବିତା ଝରେ
ଚାନ୍ଦିନୀର ରୂପେଲି ଧାରାରେ
ଝିଲିମିଲି ତରଙ୍ଗ ରଙ୍ଗରେ
ବ୍ୟଥାଭରା ସେ ବେଦନା
ଅଭିଭୂତ ଅକୁହା ଭାବନା
ଜୋଛନାର ଗତି ଓ ସ୍ପନ୍ଦନ
ଅବାରିତ ଝରିବାର କ୍ଷଣ
କେମିତି ବୁଝିବ କୁହ
ଅଦେଖା ସେ ଅପହଞ୍ଚ ଜହ୍ନ !
ବାଦଲ ଉହାଡ଼ୁ ଉଙ୍କେ
ଅଲିଭା ଯା' କଳଙ୍କର ଚିହ୍ନ

– ସରଯୂ

କାଳିଆ କାହ୍ନୁର ରଙ୍ଗରେ

ଫଗୁଣ ଆସିଲେ ଦେଖିବ ଏଥର
ରଙ୍ଗ ନାହିଁ ମୋ ହାତରେ
ସବୁ ରଙ୍ଗତକ ମାଖି ଦେଇଛି ମୁଁ
କାହ୍ନୁର କାଳିଆ ମୁଖରେ
ତା'ର ମୂରଲୀ ମୋହନ ବେଶରେ
ମୁଁ ହଜିଛି ତା' ପ୍ରେମ ପାଶରେ
ତା' ନିଗୁଢ଼ ଆତ୍ମୀୟପଣରେ
ତା' ଚାହାଣୀର ଚାରୁଛଟାରେ
ତା' ପୀରତିର ଅନୁରାଗରେ
ମୋ ଚେତନାର ଚଉହଦୀରେ
ମୁଁ ଭିଜିଯାଇଛି ତା ରଙ୍ଗରେ
ଫଗୁଣ ଆସିଲେ ଦେଖିବ ଏଥର
ରଙ୍ଗ ନାହିଁ ମୋ ହାତରେ

– ଜ୍ୟୋସ୍ନା

ଫଗୁଣ ଆସିଲେ ଦେଖିବ ଏଥର
ରଙ୍ଗ ନାହିଁ ମୋ ହାତରେ
ତା' ପୀରତିର ଅନୁରାଗରେ
ସେ ଛଳିଆର ଅନୁଷଙ୍ଗରେ
ଗୋପବାଳି ମୁଖେ ମାଖେ ଫଗୁ ସୁଖେ
ରାଈ ରହେ ସିନା ରୋଷରେ
ଫଗୁଣର ଫଗୁ ଆଡରେ
ରସରାସ ନବରଙ୍ଗରେ
ଚହଟ ଚମକ ନଟନାଗର ସେ
ହୁରି କରେ ଗୋପନଗରେ
ତା' ପୀରତି ସରାଗରାଗରେ

- ସରଯୂ

ବରଷା ଗୋ ତୁମେ

ବରଷା ଗୋ ତୁମେ ଶ୍ରାବଣ ଆଖିର ପ୍ରୀତିର କଜ୍ୱଳଗାର
ବରଷା ଗୋ ତୁମେ ପିଆସୀ ମନର ସଜଳ ଲୋତକଧାର
ବରଷା ଗୋ ତୁମେ ମମତା ମଧୁର ପ୍ରୀତି ପୁଲକର ହାର
ବରଷା ଗୋ ତୁମେ ସବୁଜ ଶ୍ୟାମଳ ସବୁଜିମାର ସମ୍ଭାର

ବରଷା ଗୋ ତୁମେ ଊଷର ପ୍ରାଣର ମନ୍ଥିତ ଜଳଭାର
ବରଷା ଗୋ ତୁମେ ରଜତରାଗିଣୀ ରୁଣୁଝୁଣୁ ବୀଣାତାର
ବରଷା ଗୋ ତୁମେ ନୀଳନୀଳିମାର ନିର୍ମଳ ଜଳଝର
ବରଷା ଗୋ ତୁମେ ସ୍ନିଗ୍ଧ ଶୀତଳ ସଞ୍ଚିତ ଉପହାର

– ଜ୍ୟୋତ୍ସ୍ନା

ବରଷା ଗୋ ତୁମେ ମଧୁଚନ୍ଦ୍ରିକାରେ ଭିଜା ଭିଜା ସ୍ମୃତି ଗୀତି
ବରଷା ଗୋ ତୁମେ ବାଦଲ ଉହାଡ଼େ ଫିକା ଫିକା ଜହ୍ନ ରାତି
ବରଷା ଗୋ ତୁମେ ବିରହିଣୀ ବଧୂ ଅସରା ଲୁହର ତାତି
ବରଷା ଗୋ ତୁମେ ଅଝଟ ଜେମାର ଲାଜ ଲାଜ ଚୋରା ପ୍ରୀତି

ବରଷା ଗୋ ତୁମେ ମେଘମହ୍ଲାରର ଦିବ୍ୟ ସୁରତରଙ୍ଗିଣୀ
ବରଷା ଗୋ ତୁମେ କଳାମେଘୀ ପାଟେ ଝଲକ ମନମୋହିନୀ
ବରଷା ଗୋ ତୁମେ ଶୃଙ୍ଗାର ଭୂଷଣେ ସାଜ ଯେହ୍ନେ ମଥାମଣି
ବରଷା ଗୋ ତୁମ ଆହ୍ଲାଦ ଝରଣେ ପୂର୍ଣ୍ଣଗର୍ଭା ଏ ଧରଣୀ

- ସରଯୂ

କାହିଁ ଗଲା ସିଏ

ଲୁଚୁଥିଲା କାହ୍ନା ଖୋଜୁଥିଲି ମୁଁ ଯେ
ତା’ ବଇଁଶୀ ସୁରେ ସୁରେ
କାହିଁ ହଜିଗଲା ସେ ସୁର ରାଗିଣୀ
ମୁଗ୍ଧ ମନ ଝୁରି ମରେ

ଭୀତି ଜାଗରିତ ପ୍ରାଣ ଆକୁଳିତ
ପଦ ଧ୍ୱନି ଅନ୍ୱେଷାରେ
ଜାଗ୍ରତ ସୁଷୁପ୍ତି ହୁଏ ଏକାକାର
ଅପ୍ରାପ୍ତିର ଦୁଃଖ ଭାରେ

ଢଳିଯାଏ ଦିନ ମରିଯାଏ ମନ
ନୟନୁ ଲୋତକ ଝରେ
ନିଶି ପାହାନ୍ତାରେ ସପନେ ଦିଶେ ସେ
କମଳିନୀ କଳିକାରେ

– ଜ୍ୟୋସ୍ନା

କଳିରେ ଲୁଚିଲା ସେଇ କାହ୍ନା ତୁମ
ମଧୂପର ରୂପ ନେଇ
ବଇଁଶୀ ସୁରକୁ ଅଧରେ ଛୁପାଇ
ମଧୁ ପାନେ ଭୋଳ ହେଇ

ଲବଣୀ ଭାଣ୍ଡରେ ଲାବଣ୍ୟକୁ ଭରି
ଲୀଳାଖେଳା କଲା ସେଇ
ମାଳତୀର ମାଳେ କୁଞ୍ଜକୁ ସଜାଇ
ମାୟା ରଚେ ପ୍ରେମ ପାଇଁ

ଗୋପିଗଣ ମନ ହରିଲା କ୍ଷଣକେ
ଯଶୋଦାକୁ କରି ବାଇ
କାହିଁ ଗଲା ସିଏ ଏଇଠି ଥିଲା ତ
ଖୋଜେ ସେ ବାତୁଳି ରାଇ

– ସରଯୂ

ରୂପସୀ ଗୋ ବହୁରୂପା

ଆସଗୋ ରୂପସୀ ଫଗୁରଙ୍ଗ ଧରି
ବସନ୍ତର କୁଞ୍ଜବନେ
ବକୁଳ ବାସରେ କୋକିଳ କୁହୁରେ
ପୀରତି ସଞ୍ଚରେ ମନେ

ଲାଜମିଶା ତୁମ ଗୋଲାପୀ ଅଧରେ
ରଙ୍ଗର ଫୁଲଝରି
ହସରେ ତୁମର ବିଭୋରିତ ପ୍ରାଣ
ଲକ୍ଷେ ସପନ ଧରି

– ଜ୍ୟୋସ୍ନା

ଲକ୍ଷେ ସପନର ଲକ୍ଷେହୀରା ତୁମେ
କୋଟିକେ ଗୋଟିଏ ନିଧି
ଲକ୍ଷେ ନାୟକର ହୃଦ ବଇଦୁର୍ଯ୍ୟ
ଝଲକେ ସେ ନିରବଧି

ଲାସ୍ୟମଧୁରେ ଯା’ ଝରେ ସପ୍ତସୁର
ବେଣୁ ସ୍ୱନ ପଡ଼େ ଫିକା
ବକୁଳର ସମ ବାସର ଅମ୍ଳାନ
ବାସନ୍ତୀ ଗୋ ବହୁରୂପା

– ସରଯୂ

ଫଗୁଣକୁ ଶେଷ ଚିଠି

ପ୍ରେମ ଫଗୁଣର ସ୍ମୃତି ସରହଦେ
ଫୁଟିଛି ପ୍ରୀତିର ଫୁଲ
ନିଆରା ରୂପ ତା' ନିଆରା ମହକ
କଳି ହୁଏନା ତା ମୂଲ

ମନ୍ଦ ମଧୁର ମଳୟର ସୁର
ମନ କରେ ଆନମନା
ଫଗୁଣ ହିଲ୍ଲୋଳ ପରଶ ମଞ୍ଜୁଳ
ବିରହିଣୀ ବୁଝେ ସିନା

ଲେଖୁଛି ଆଜି ମୁଁ ଲୋତକଧାରରେ
ଫଗୁଣକୁ ଶେଷ ଚିଠି
ଜାଣେନା ଚିଠି ମୋ ପାଇବ କେମିତି
ଠିକଣା ଯାଇଛି ହଜି

– ଜ୍ୟୋତ୍ସ୍ନା

ଠିକଣା ହଜିଛି ପ୍ରୀତି ବି ଝୁରୁଛି
ଆନମିତ ତା ଚାହାଣୀ
ଫଗୁଣର ସ୍ମୃତି ଫଗୁଆ ଭିତରେ
ସଞ୍ଚା ଅଭୁଲା କାହାଣୀ

ରଖିଛି ସାଉଁଟି ଲୁହଭିଜା ଚିଠି
ହୃଦ ସିନ୍ଦୁକ ଭିତରେ
ନିଆରା ମହକ ନିଆରା ତା' ରୂପ
ଆଙ୍କି ମନ ଆଇନାରେ

ଅମୂଲ ସନ୍ଦେଶ ଭରା ଭାବାବେଶ
ପଙ୍କେ ପଙ୍କଜର କଳି
ସତେ କିଏ ଅବା କଳି କି ପାରିବ
ନିଃସର୍ଗର ଶୋଭାବଳି !

– ସରଯୂ

ସ୍ୱପ୍ନିଳ ସ୍ମୃତି

ରାତ୍ରିର ଏ ନୀରବତା
ମୁଦ୍ରିତନୟନେ ଭରେ
ଯେତେ ଆତୁରତା
ଅବିସ୍ମୃତ କିଛି କଥା
ଅବ୍ୟକ୍ତ ଗୋପନ ବ୍ୟଥା
ଜୀବନର ମାଟି କାନ୍ଥେ
ଆଙ୍କେ ଝୋଟି ଚିତା
ସ୍ମୃତି ଆଉ ସ୍ୱପ୍ନ ମିଳି
ରଚନ୍ତି କବିତାକଳି
ଭରି ମଧୁରତା
ହୃଦତଟେ ଉର୍ଦ୍ଧିମାରେ
ନିରବଧି ନିବିଡ଼ ମମତା
ଅଭୁଲା ଅଲେଖା

– ଜ୍ୟୋସ୍ନା

ଅଭୁଲା ଅଲେଖା ହୃଦେ ମମତା ତରଙ୍ଗ
ସ୍ମୃତି ଆଉ ସ୍ୱପ୍ନ ମିଶା ଇନ୍ଦ୍ରଧନୁ ରଙ୍ଗ
ଜୀବନ ସାଗର ତଟେ ବତୀଘର ସମ
ପଥଦର୍ଶୀ ସେ ବିତରେ ଆମୋଦିତ କ୍ଷଣ
ରଜନୀଗନ୍ଧାରେ ଯେହ୍ନେ ହୃଦ ସୁରଭିତ
ମୁଦ୍ରିତ ନୟନେ ଜାଗେ ଆଶା ଅପ୍ରମିତ
ନୀରବ ବାଟୋଇ ସିଏ ଅମା ରଜନୀରେ
ଅଧୁରା ସପନେ ଖୋଜେ ଉଦୟଭାନୁରେ
ଆତୁର ସ୍ପନ୍ଦନ ଭାବାବେଗ ଆଲୋଡନ
ଲେଖନୀ ମଧୁରେ ରଞ୍ଜେ ନୂତନ ସୃଜନ

– ସରଯୂ

ନିଦାଘ ସମୟ

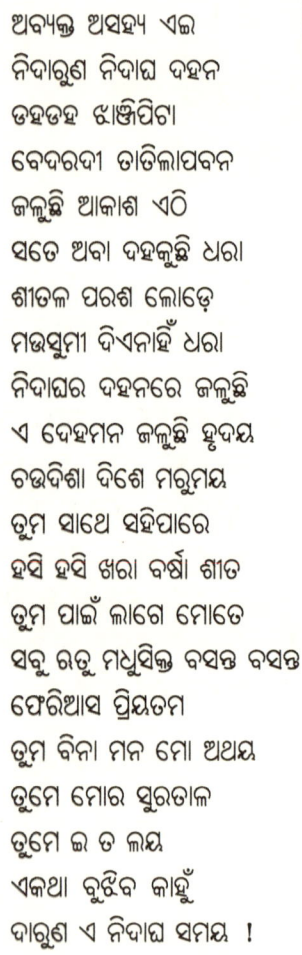

ଅବ୍ୟକ୍ତ ଅସହ୍ୟ ଏଇ
ନିଦାରୁଣ ନିଦାଘ ଦହନ
ଡହଡହ ଝାଞ୍ଜିପିଟା
ବେଦରଦୀ ତାତିଲାପବନ
ଜଳୁଛି ଆକାଶ ଏଠି
ସତେ ଅବା ଦହକୁଛି ଧରା
ଶୀତଳ ପରଶ ଲୋଡ଼େ
ମଉସୁମୀ ଦିଏନାହିଁ ଧରା
ନିଦାଘର ଦହନରେ ଜଳୁଛି
ଏ ଦେହମନ ଜଳୁଛି ହୃଦୟ
ଚଉଦିଶା ଦିଶେ ମରୁମୟ
ତୁମ ସାଥେ ସହିପାରେ
ହସି ହସି ଖରା ବର୍ଷା ଶୀତ
ତୁମ ପାଇଁ ଲାଗେ ମୋତେ
ସବୁ ଋତୁ ମଧୁସିକ୍ତ ବସନ୍ତ ବସନ୍ତ
ଫେରିଆସ ପ୍ରିୟତମ
ତୁମ ବିନା ମନ ମୋ ଅଥୟ
ତୁମେ ମୋର ସୁରତାଳ
ତୁମେ ଇ ତ ଲୟ
ଏକଥା ବୁଝିବ କାହୁଁ
ଦାରୁଣ ଏ ନିଦାଘ ସମୟ !

– ଜ୍ୟୋତ୍ସ୍ନା

ନିଦାଘ ସମୟ ସୁରେ
ଶୁଭେ ଆର୍ତ୍ତନାଦ
କରୁଣ ଆଳାପ ଗୁଞ୍ଜେ
ଭେଦି ମେଘନାଦ
ଘନନୀଳ ରଥେ ବସି
ମେଘରାଣୀ ହର୍ଷେ
ପ୍ରତିକ୍ଷିତା ପ୍ରିୟ ଗ୍ରୀଷ୍ମ
ମିଳନର ଆଶେ
ସୁର ତାଳ ଲୟେ ଭରା
ହସ୍ତେ ଅର୍ଘ୍ୟ ଥାଳ
ପ୍ରୀତିବାରି ସିଞ୍ଚନରେ
ଛାୟାର ଶୀତଳ
ଭରି ସେ ବାରଣେ ଉଭା
ବରଣ ଲିପ୍ସାରେ
ଦାରୁଣ ସମୟ ଅଙ୍କେ
ସ୍ୱାଗତ ଆଶାରେ

– ସରଯୂ

ଶୀତୁଆ ସକାଳ

ବିହଙ୍ଗ କାକଳୀ ମାଙ୍ଗଳିକ ଗୀତ
ଅରୁଣିମା ଆଭା ଅଙ୍ଗନେ ଶୋଭିତ
ଉଷା ପଦପାତ କର୍ଣ୍ଣେ ଗୁଞ୍ଜରିତ
ଶିଶିର କାକରେ ପଲ୍ଲବୀ ଶଙ୍କିତ
ହିମ ସମୀରର ତୀବ୍ର ଆଲିଙ୍ଗନ
ବୁକୁ ଥରଥର ଅକୁହା କମ୍ପନ
ପ୍ରାଣ ଅପେକ୍ଷିତ ତପନର ତାପ
କନକ କିରଣେ ଆହ୍ଲାଦର ଛାପ
ଆଳସ୍ୟପ୍ରବଣ ମନରେ ସନ୍ତାପ
କର୍ମେ ଅନୁରାଗ ଜୀବନର ତପ

– ଜ୍ୟୋତ୍ସ୍ନା

ଜୀବନର ତପ କର୍ମର ସାଧନା
ଅଳସ ବିରାଗ ସ୍ଥିତିହୀନ ସିନା
ବିହଙ୍ଗ କାକଳି ମହକ କୁସୁମ
ଭରେ ଅପଘନେ ସୁଖ ଶିହରଣ
ଲୁଚା ଛପା ଖେଳେ ହେମନ୍ତ ସ୍ଫୁରଣ
ଭରେ ପ୍ରାଣେ ଗୀତିପ୍ରୀତିର ଗୁଞ୍ଜନ
ସୁଦୂରକୁ ଟାଣି ନିଏ ମୋ ସପନ
ଗୁଞ୍ଜେ ଅବିରତ ଆହ୍ଲାଦିତ ସ୍ୱନ

– ସରଯୂ

ମନ ମୟୂରୀ

ଶୀତୁଆ କୋହଲା ପାଗ
ଶୀତ ଶୀତ ଅନୁଭବ
ମନର ମୟୂରୀ ଝୁରେ
ପ୍ରୀତି ପଲଙ୍କରେ
ଅଳସର ଅନୁପ୍ରାସ
ଅଙ୍ଗରେ ଅଙ୍ଗରେ
ମୋହନ ମୁରଲୀ ସୁରେ
ଅଧୀରେ ତା ମନ ଝୁରେ
ଭାବନା ବାସବଧନୁ
ଉଙ୍କିମାରି ଲୁଚିଯାଏ
ଖୋଜେ ସେ ଦୂରଦିଗନ୍ତେ
ଝିରିଝିରି ବରଷାରେ
ଇନ୍ଦ୍ରଧନୁ ରଙ୍ଗରେ ରଙ୍ଗରେ

– ଜ୍ୟୋତ୍ସ୍ନା

ଝିରିଝିରି ବରଷାରେ
ଇନ୍ଦ୍ରଧନୁ ରଙ୍ଗରେ ରଙ୍ଗରେ
ଭିଜା ଭିଜା ମାଟିର ଗନ୍ଧରେ
ବିମୋହିତ ପ୍ରଣୟୀ ମନରେ
ପ୍ରୀତିଦୋଳା ଝୁଲେ ଭରି ସପନ
ରଚି ମେଘଧନୁ ରଙ୍ଗେ ମୋହନ
ମଦାଳସା ତନୁ ଜାଗଇ କ୍ଷଣେ
ଶଙ୍ଖଧ୍ୱନି ଭରେ ଉତ୍ସାହ ମନେ
ନାଚେ 'ତା ତା ଥେଇ' ହୃଦ ବିଭୋର
ଶୋଭେ ଯେବେ ପ୍ରାଚୀମୁଖେ ଅବିର

- ସରଯୂ

ପଉଷ ରାତି

ଶୀତସକାଳର ସୂରୁଜ ପ୍ରୀତି
ଶିଶିର ଭିଜା ଏ ପଉଷ ରାତି
ଶୀତଳ ପବନ ବହୁଛି ନିତି
ସରିଯାଏ ଦିନ ସରେନି ରାତି
କେମିତି ଗାଇବି ହିମର ଗୀତି
ବଢ଼ି ବଢ଼ି ଯାଏ କମ୍ବଳ ପ୍ରୀତି

— ଜ୍ୟୋସ୍ନା

ବଢ଼ି ବଢ଼ି ଯାଏ କମ୍ବଳ ପ୍ରୀତି
ମନ ବି ଖୋଜଇ ଉଷ୍ଣତା ନିତି
ଅଳସ ହସରେ ସୂରୁଜ ଗତି
ଝଲକାଏ ତେଜ ସହସ୍ର ମତି
ପ୍ରାତଃକିରଣର ପଉଷ ଗୀତି
ଭିଜେ ତନୁ-ମନ ଝୁମେ ବି ନିତି
ଶିଶିରର ମୋତି ଗାଆନ୍ତି ଗୀତି
ସ୍ପର୍ଶେ ପୁଲକିତ ହୃଦୟ ତନ୍ତ୍ରୀ

- ସରଯୂ

ବସନ୍ତ ଆଗମ

ଶୀତ ଗୀତଗାଏ ଥରି ଥରି
ସୁଖ ସପନକୁ ଝୁରି ଝୁରି
ଫୁଟନ୍ତ ସୁମନା ଝୁଲି ଝୁଲି
ଉଦୟଭାନୁରେ ହାତଠାରି

ସିଞ୍ଚି ଆହ୍ଲାଦିତ ସୁଧାବାରି
ମାନସେ ଜଗାଏ ଆଶା ଝରି
ଆପ୍ୟାୟିତ ଯେତେ ନରନାରୀ
ଝୁମନ୍ତି ଉତ୍ସବେ ମନୋହାରୀ

ଦେଖିବାକୁ ଋତୁରାଜ ଶିରି
ଅପେକ୍ଷନ୍ତି ଶୁଭ ଦୃଷ୍ଟି ଭରି
ଶୀତ ଉପରାନ୍ତେ ବସନ୍ତ ଆସିବ
ମନ ଉପବନେ ରଙ୍ଗ ଭରି

– ଜ୍ୟୋସ୍ନା

ରଙ୍ଗ ତରଙ୍ଗ

ମନ ଉପବନେ ରଙ୍ଗ ଭରି
ବସନ୍ତ ହସିବ କିରି କିରି
ସୁମନରୁ ମଧୁ ଝରି ଝରି
ଆହ୍ଲାଦେ ମଧୁପ ଚିତ୍ତହରି

କୋକିଳର କୁହୁକୁହୁ ବୋଲି
ପାର୍ବଣର ଶୋଭା ଝିଲିମିଲି
ପୁରବଧୂ ଲାସ୍ୟ ଖ୍ୱଳି ଖ୍ୱଳି
ମଧୁଋତୁ ସ୍ପର୍ଶ ମଖମଲି

ସାଗରର ଢେଉ ଫୁଲି ଫୁଲି
ନଦୀକୁ ଡାକିବ ବାହୁ ମେଲି
ଜହ୍ନରୁ ଜୋଛନା କ୍ଷରି କ୍ଷରି
ବସନ୍ତ ଝୁରିବ ଶୀତ ଶିରି

– ସରଯୂ

ଆସ ଆସ ସଖୀ

ରଙ୍ଗ ଧରି ଏ ମନ୍ଦ ମଳୟ
ଡାକିଲାଣି ହାତ ଠାରି
ଆସ ଆସ ସଖୀ ଫଗୁଣ ରଙ୍ଗେ
ହୃଦୟକୁ ଦେବା ଭରି

ଇନ୍ଦ୍ରଧନୁର ସପ୍ତରଙ୍ଗ
ହସିଲେଣି କିରିକିରି
ଦୁଃଖ ଅବସାଦ ଈର୍ଷା ଯାତନା
ଗଲେଣି ବି ଅପସରି

ପ୍ରେମର ଫଗୁଣ ଗୁଣୁଗୁଣୁ ଗୀତ
କାନେ କାନେ ଯାଏ ଗାଇ
ଅଙ୍ଗେ ଅଙ୍ଗେ ରତି ଭରଇ ପୁଲକ
ପୀରତି ପରଶ ଦେଇ

– ଜ୍ୟୋସ୍ନା

ରଙ୍ଗ ତରଙ୍ଗ

ପୀରତି ପରଶ ଦେଇ ସପ୍ତରଙ୍ଗ
ସାଥେ ଆଳିମାଳା ମିଳି
ରାଈ ଖେଳେ ରଙ୍ଗ କାହ୍ନା ଦିଏ ସଙ୍ଗ
ପ୍ରୀତିର ଅବିର ବୋଳି

ବଇଂଶୀ ମୂର୍ଚ୍ଛନା ହଜାଏ ଚେତନା
କାନେ ଗୁଞ୍ଜେ ମଧୁବୋଲି
ଫଗୁଣ ଆଳରେ ପ୍ରେମ ଫଲଗୁରେ
ପରିଜନ ଖେଳେ ହୋଲି

ଆସ ଆସ ସଖୀ ଭରି ଅଧରରେ
ସୁହାଗି ଲାଜର ରଙ୍ଗ
ମୋହନ ମୋହକ ଷୋଳକଳା ରଙ୍ଗେ
ଭିଜାଇବା ଅଙ୍ଗ ଅଙ୍ଗ

– ସରଯୂ

ସପ୍ତରଙ୍ଗ ଋତୁରାଜ

ଆଶା ହତାଶାର ସମୟ ସ୍ରୋତରେ
ଅନ୍ତରେ ବହେ ଉଜାଣି
ଦିଶାହରା ମୁହିଁ ଆଶାୟୀ ପଥିକ
ଆଶାଜ୍ୟୋତି ଖୋଜେ ପୁଣି

କେହି ତ ଆସିବ ଜୀବନରେ ମୋର
ନେଇଯିବ ମନ କିଣି
କୋକିଳର ଗାନ ମଳୟର ତାନ
ଭରି ମଧୁର ରାଗିଣୀ

କବି ଲେଖନୀରେ କବିତା ଲାସ୍ୟରେ
ଭରି ଉଲ୍ଲାସ ରୋଷଣୀ
କବିତାବିତାନ ଛନ୍ଦରେ ଛନ୍ଦରେ
ସପନ ନେବ ମୋ ଜିଣି

- ଜ୍ୟୋସ୍ନା

ସପନକୁ ଜିଣି ମାୟାଜାଲ ବୁଣି
ରସରାଜ ଋତୁରାଜ
ଅବତରେ ପୁଷ୍ପ ରଥେ ଚାରୁଚିତ୍ର
ବାନ୍ଧି ସପ୍ତରଙ୍ଗ ତାଜ
ନିଦାଘର ଦାଗ ଗ୍ରୀଷ୍ମର ସରାଗ
ଥାପେ ପ୍ରକୃତିର ଅଙ୍ଗେ
ବର୍ଷାରାଣୀ ସାଜ ଫଳ-ଆଶା ବୀଜ
ବୁଣେ ତାରେ ଅନୁରାଗେ
ହସନ୍ତ ଫଗୁଣ ପ୍ରାଣୀର ସ୍ପନ୍ଦନ
ଚହକାଏ ଫଗୁରଙ୍ଗେ
ହିମ ଶୀତଳତା ଅନ୍ତର ବାରତା
ବିତରେ ହୃଦୟ ସଙ୍ଗେ
ସ୍ୱର୍ଣ୍ଣିମା ଆଲୋକେ ଶରତ ଚମକେ
ପୂଜା ଅର୍ଘ୍ୟ ଥାଳ ଘେନି
ଅବଗାହେ ପ୍ରାଣ ସୁଖ ଶିରାବଣେ
ପରିଜନ ମନ କିଣି
ଶିଶିର କାକର ଆଖି ତା ସୁଢଳ
ବିଦାୟ ପ୍ରସ୍ତୁତି ପାଇଁ
ମୋହକ ସୁମନେ ବସନ୍ତ ଆଗମେ
ଶୁଭେ ପ୍ରୀତି ସାହାନାଇ
ଫଳପ୍ରସୂ ପୃଥ୍ୱୀ ଗାଏ ଶୁଭ ଗୀତି
ପସାରି ସୁଖ ସବୁଜ
ଋତୁରାଜ ଘେରେ ମୋହିନୀ ଚାଦରେ
ବାନ୍ଧି ପ୍ରଣୟର ଧ୍ୱଜ

—ସରଯୂ

ନବବର୍ଷ ନବକିରଣରେ

ମନ ଖୋଜେ ହଜିବାକୁ
ଭଲ ଲାଗେ ଭେଟିବାକୁ
ଏମିତି ବେଳାରେ
ଆପଣାର ଚିହ୍ନା ଚିହ୍ନା
ଯେତେ ମୁହଁ ଦୋ ଦୋ ଚିହ୍ନା
ନବବର୍ଷ ନବକିରଣରେ

ପୁରୁଣା ବରଷ ଯିବ
ନୂଆ ବର୍ଷ ଆସୁଥିବ
ଆଖିଏ ସପନ ଧରି
ପାହାନ୍ତି ପହରେ
ଆଶାର ସୁମନ ଭରି
ମଙ୍ଗଳ ଥାଳରେ
ଝୁମି ଝୁମି ହସି ହସି
ସୁବର୍ଣ୍ଣ ଦୋଳାରେ
ସାଜି ଶୁଭଂଶସୀ କୁଞ୍ଜୀ
ସମୟର ଶୀତୁଆ ଋତୁରେ

– ଜ୍ୟୋତ୍ସ୍ନା

ସମୟର ଶୀତୁଆ ଋତୁରେ
ଆଉ ଦିଗନ୍ତର ଏ ପାରିରେ
ଦୂରନ୍ତର ପ୍ରିୟ ସଖୀ ତୁମ
ଦେଖେ ନବବର୍ଷ ଆଗମନ
ପ୍ରାକ୍ତନର ବିଦାୟ ଉତ୍ସବ
ନୂତନର ସ୍ନେହ ସମ୍ମେଳନ

ଶୁଭବାର୍ତ୍ତା ପ୍ରେରଣାର ସ୍ରୋତ
ଭାସିଆସେ ଉତ୍ସାହ ସମେତ
ସାଗରର ଖର ପ୍ରବାହରେ
ତଟିନୀର ମୃଦୁ ମିଳନରେ
ପ୍ରାଚ୍ୟର ମେଘନାଦ ଡ଼େଇଁ
ପ୍ରତୀଚୀର ଘନାଶ୍ଳେଷ ପାଇଁ

ନିର୍ମଳାଭା ନୀଳନିଳିମାରେ
ସଖୀ ତୁମ ନକ୍ଷତ୍ରହାରରେ
ମିଳନ ଓ ବିଚ୍ଛେଦ ସୀମାରେ
ଅସ୍ତାଚଳେ ଅରୁଣିମା ଘେରେ
ପରିଣୀତା ନବୋଢ଼ା ରୂପରେ
ବନ୍ଦାଇବ ନବବର୍ଷ ବରେ

ମନାଙ୍ଗନେ ସୁମନ ବିଛାଇ
ପ୍ରୀତିପୂର୍ଣ୍ଣ ଭାବରସେ ଛୁଇଁ
ସନ୍ଦେଶକୁ ଆଙ୍କି ତୂଳିକାରେ
ଲାଜବନ୍ତୀ ଶ୍ୱାସର ଫୁଆରେ
ଅନ୍ୱେଷିବ ଲାଲିମାଦିଶାରେ
ନବବର୍ଷ ସ୍ୱାଗତ ଆଶାରେ

– ସରଯୂ

ରଙ୍ଗ ତରଙ୍ଗ

ରଙ୍ଗର ଓଢ଼ଣୀ

ରଙ୍ଗତରଙ୍ଗିଣୀ ସ୍ରୋତେ ବର୍ଣ୍ଣିଳ ସମ୍ଭାର
ଋତୁକ୍ରମ ଆଗମନେ ହୃଦୟେ ସୀକର
ଋତି ଭୂତି ଅଳଙ୍କାରେ ସଜ୍ଜିତା ଧରଣୀ
ଢାଙ୍କି ଚାରୁ ଚନ୍ଦ୍ରାନନେ ରଙ୍ଗର ଓଢ଼ଣୀ ।।

– ସରଯୂ

ରଙ୍ଗତରଙ୍ଗ ଉତ୍ ଫୁଲ୍ଲେ ପ୍ରୀତି ପାରାବାରେ
ଭୂମିରୁ ଭୂମା ସଞ୍ଚରେ ଦିବ୍ୟସମ୍ଭାରରେ
ପାର୍ବଣର ଗୀତି ଭରେ ଅଙ୍ଗରେ ଅଙ୍ଗରେ
ଷଡ଼ଋତୁ ଛନ୍ଦ ତୋଳେ ସମୟ ଚକ୍ରରେ ।।

– ଜ୍ୟୋତ୍ସ୍ନା

ଶ୍ରାବଣ ଶୃଙ୍ଗାର

ନୀରଦ ନୟନ ନୀର ହରୁ ତୁମ ଦୁଃଖ ଜୀବନର
ଜୀବନେ ବସନ୍ତ ଭରୁ ମହକିତ କୁସୁମ ସମ୍ଭାର
କୁସୁମସମ୍ଭାର ବିଞ୍ଚୁ ମନାଙ୍ଗନେ ଭାବ ବାରିଦର
ବାରିଦ ଧାରାର ସ୍ପର୍ଶ ଭରିଦେଉ ଶ୍ରାବଣ ଶୃଙ୍ଗାର

- ସରୟୂ

ଶ୍ରାବଣ ଶୃଙ୍ଗାରେ ଭିଜୁ ଯୁଇ ଯାଇ ହେନାର ପଣତ
ପଣତରେ ଯେତେ ବାସ୍ନା ମନକୁ ତୋ କରୁ ପୁଲକିତ
ପୁଲକିତ ତନୁ ମନ ତୋଳୁଥାଉ ପ୍ରୀତିର ଝଙ୍କାର
ଝଙ୍କାରର ମଧୁତାନେ ହଜିଯାଉ ଦୁଃଖ ଜୀବନର

- ଜ୍ୟୋସ୍ନା

ସାତରଙ୍ଗ ଫୁଲଝରି

ନବୋଢା ଲାଜର ହସ
ଲାଲିର ପ୍ରଣୟୀ ରାସ
ନାରଙ୍ଗୀ ସୃଜନୀ କଳା
ସବୁଜେ ଭରସା ତୋରା
ପୀତର ଉଲ୍ଲାସ ଦ୍ୟୁତି
ନୀଳବର୍ଣ୍ଣେ ଜ୍ଞାନଜ୍ୟୋତି
ବାଇଗିଣୀ ସ୍ୱପ୍ନଝର
ଗୋଲାପି ପ୍ରେମ ମନ୍ଦିର

ସପ୍ତରଙ୍ଗ ଭରା ସ୍ୱର୍ଣ୍ଣଥାଳ ହାତେ
ଫଗୁଣ ଆସେ ଓହ୍ଲାଇ
ଡାକେ 'ଆସ ସଖୀ' ଭିଜିବା ଅବିରେ
ମୈତ୍ରୀ ଝର ବରଷାଇ
ଦୂରୁ ଦିଶେ ସଖୀସଙ୍ଗାତ ସଙ୍ଗରେ
ଝୁଲଣାରେ ଝୁଲେ ରାଈ
ପ୍ରୀତି ଫଲଗୁରେ ଅବଗାହେ ତା'ରେ
ନଟନାଗର କହ୍ନେଇ

– ସରଯୂ

ନୟନେ ସପନ ଭରି
ଫଗୁଣ ଧରିଛି ରଙ୍ଗ ପିଚକାରୀ
ସାତରଙ୍ଗ ପଡ଼େ ଝରି
ମଳୟ ମରୁତ ଥିରି
ଗୋଲାପି ଅଧର ଭରି
ଅବିର ରଙ୍ଗେ ଲେପିତ ଧରଣୀ
ହସିଲାଣି ସୁଖ ଶିରୀ
କୋକିଳର କୁହୁଗୀତ
ତନୁମନ ଶିହରିତ
ହୃଦୟ ମନ୍ଦିରେ ଉଲ୍ଲାସ ଫୁଆରା
ସାଥିରେ ସହିସଙ୍ଗାତ

ଛନଛନ ମନେ ରାଇ
ବସେ କାହା ପଥ ଚାହିଁ
ଆତୁରେ ଅଧୀରେ ମନେ ଖେଳେ ରଙ୍ଗ
କୁଞ୍ଜରେ କଳାକହ୍ନେଇ
'ଆସ ଗୋ ଆସ ଗୋ ସଖୀ'
ମନୁ ମାନ ଦେଇ ତେଜି
ପ୍ରେମଫଗୁଣରେ ଭିଜି ଭିଜି ଆଜି
ହୃଦୟେ ହୃଦୟେ
ପ୍ରୀତିରଙ୍ଗ ଦେବା ଭରି
ଜୀବନରେ ଥରେ ସେ ରଙ୍ଗ ଲାଗିଲେ
ଦୁଃଖ ଯାଏ ଅପସରି
ଝରେ ସାତରଙ୍ଗ ଫୁଲଝରି

-ଜ୍ୟୋସ୍ନା

ବଇଁଶୀ ବଜାନା କାହ୍ନା

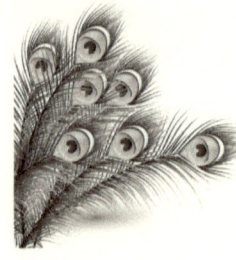

ଗୋପଶ୍ରୀ ନନ୍ଦନନ୍ଦନ ତୁ କଳାକାହ୍ନା
ବାଙ୍କଚାହାଣୀରେ ମନ କିଣି ନେଉ ସିନା
ଗୋପାଳକୁଳ ଚନ୍ଦ୍ରମା ଗୋପୀହୃଦ ଜିଣି
ଯଶୋମତୀ ମାତାଙ୍କର ନୟନର ମଣି

ପ୍ରୀତିଗୁଣେ ମାୟାଜାଲେ ମୋହି ବ୍ରଜବାସୀ
ଶଠନାଟ୍ୟ କଲୁ ଯେହ୍ନେ ନିଷ୍କଳଙ୍କ ଶଶୀ
ଚମତ୍କାରୀ ଦେଖାଇଲୁ କପଟକଳାରେ
ନନ୍ଦରାଣୀ ଭୁଲିଗଲେ ତୋ ବାଳଲୀଳାରେ

ମୁରଲୀ ବଜାଇ କାହ୍ନା କରୁ ଅନୁରକ୍ତା
ବକୁଳ ଶେଯରେ ପ୍ରଣୟୀ ମୁଁ ରସସିକ୍ତା
ଭାଂଗିଦେଲୁ ମାଟିଘଟ, ବସନ ଲୁଚାଇ
ଦହିଭାଣ୍ଡ ଖାଲି କଲୁ ଲବଣୀ ଚୋରାଇ

କେତେ ଛଳିବୁ ଛଳିଆ, ଗୋପକାମିନୀରେ
ତୋର ଖେଳ ହୁଏ କାଳ ସୁହାଗୀ ଭାଗ୍ୟରେ
ଆକଟ କରେ ମୋ ଶାଶୁ ସଖୀସଙ୍ଗାତରେ
ସୁହାଗ ମୁହଁ ଫେରାଏ ସବୁରି ଆଗରେ

ତୋ ବଂଇଶୀ ସ୍ୱନେ ହୁଏ ବାତୁଲୀ ମୁଁ ସିନା
ଭିନ୍ନ ଦଶା ନୁହେଁ ଆନ ଗୋପାଳ ଲଳନା
କଳଙ୍କିନୀ ପଦ ଦିଏ ଅସହ୍ୟ ଯନ୍ତ୍ରଣା
କରୁଛି ଶପଥ କାହ୍ନା ନ ଯିବି ଯମୁନା

– ସରଯୂ

କରୁଛି ଶପଥ କାହ୍ନା ନ ଯିବି ଯମୁନା
ଏତେ ଅପବାଦ ଆଉ ସହି ମୁଁ ପାରେନା
ଭରିଛି ନୟନେ ଲୁହ ହୃଦରେ ବେଦନା
ବଇଁଶୀ ବଜାନା କାହ୍ନା ବଇଁଶୀ ବଜାନା

ଗୋକୁଳବାସିନୀ ମୁହିଁ ପତି ଚନ୍ଦ୍ରସେଣା
କୀର୍ତ୍ତିଦାଙ୍କ ପୁତ୍ରୀ ମୁଁ ଯେ ବୃଷଭାନୁଜେମା
ତୋ ପ୍ରେମରେ ତ୍ୟାଗିଦେଲି ସଂସାରବାସନା
ବଇଁଶୀ ସୁରେ ତୋ ହଜି ହେଲି ଆନମନା

ମୋ ଶାଶୁ ନଣନ୍ଦ ଯେତେ ଦିଅନ୍ତି ଗଞ୍ଜଣା
ରାଧା କଳଙ୍କିନୀ କହି କରନ୍ତି ଭର୍ତ୍ସନା
ବ୍ରଜପୁରେ ରଟିଅଛି ଅପବାଦ ସିନା
କିଏ ସେ ବୁଝିବ କହ ପ୍ରୀତିର ମହିମା

ଭାବେ ବସି ବାରମ୍ବାର ତୋ କଥାରେ କାହ୍ନା
ଲୋକହସା କିଆଁ କଲୁ ବୁଝେ ନାହିଁ ଜମା
ସଭିଙ୍କ ଆକଟ ଶୁଣେ ରହି ମୁଁ ପାରେନା
ତୋ ବିନା ଏ ହୃଦ ତୋଳେ କରୁଣ ମୂର୍ଚ୍ଛନା

ସବୁ ଆଜି ଶୂନ୍ୟ ଲାଗେ ତୋ ପୀରତି ବିନା
ପିଆସୀ ଏ ମନ ମୋର ବୁଝି ବି ବୁଝେନା
ବଇଁଶୀ ବଜାନା ତୁରେ ବଇଁଶୀ ବଜାନା
ପାଦ ମୋ ଅଥୟ ହେଲେ ଯିବିନି ଯମୁନା

– ଜ୍ୟୋତ୍ସ୍ନା

କଳ୍ପକଲ୍ଲୋଳ | ୧୫୧

ଅଂଶ: ୪

ସ୍ମୃତି ଅନୁଭୂତି

ସ୍ମୃତି ସିଏ

ସ୍ମୃତିକୁ ଖୋଜେ ମୁଁ ଯେବେ ସଜଳନେତ୍ରରେ
ସ୍ମୃତି ରୂପାୟିତ ହୁଏ ପାଷାଣ ଗାତ୍ରରେ
ସ୍ମୃତି ଜୀବନ୍ୟାସ ପାଏ ଶିଳ୍ପୀର କୃତିରେ
ସ୍ମୃତି ସେ ଚିରଶାଶ୍ୱତୀ ଯୁଗାନୁଭୂତିରେ ।।

– ସରଯୂ

ସ୍ମୃତି ସେ ଚିରଶାଶ୍ୱତୀ ଯୁଗାନୁଭୂତିରେ
ସ୍ମୃତି ସେ ଦିବ୍ୟମୂରତି ରତନ ବେଦୀରେ
ସ୍ମୃତି ସେ ବିଭୋରଗୀତି ଅଯୁତ ତୃଷ୍ଣାରେ
ସ୍ମୃତି ସେ ଅପୁର୍ବ ଦ୍ୟୁତି ମନ ଆକାଶରେ
ସ୍ମୃତି ସେ ମାହେନ୍ଦ୍ରବେଳା ଜୀବନପାଞ୍ଜିରେ
ସ୍ମୃତି ସେ ବିଦଗ୍ଧ ବାଳା ସୃଜନ ଶୃଙ୍ଗାରେ
ସ୍ମୃତି ସେ ବାଙ୍କଚାହାଣୀ ସମୟ ଫାଙ୍କରେ
ସ୍ମୃତି ସେ ଏଣୀନୟନୀ ହଜେ ସପନରେ ।।

– ଜ୍ୟୋସ୍ନା

ପହିଲି ଭେଟ

ପ୍ରଥମ ରାତିର ଥିଲା ପହିଲି ସେ ଭେଟ
ଭେଟଗାଠି ପରର ସେ ଦୋ ଦୋ ଚିହ୍ନା ରୂପ
ରୂପ ନିଆଁ ଜଳୁଥିଲା ଦୀପାଲି ଜ୍ୟୋତିରେ
ଜ୍ୟୋତିପୁଞ୍ଜ ଖେଳୁଥିଲା ତୁମ ସର୍ବାଙ୍ଗରେ
ସର୍ବାଙ୍ଗରୁ ଝରୁଥିଲା ମୃଦୁ ମଧୁ ବାସ୍ନା
ବାସ୍ନା ବି ପସରୁଥିଲା ସୁମନା ସୁମନା

– ସରଯୂ

ପ୍ରଥମ ରାତିର ସେଇ ପ୍ରଥମ ସାକ୍ଷାତ
ସାକ୍ଷାତ କାଳର ସେଇ ଅନୁପମ ରୂପ
ରୂପସାଥେ ହୃଦେ ଭରା ସରାଗ ଅମୃତ
ଅମୃତ ମଧୁ କ୍ଷରଣେ ଏ ଜୀବନ ସିକ୍ତ
ସିକ୍ତ ହେଲା ଜୀବନର ଅଳିନ୍ଦ ନିଳୟ
ନିଳୟ ରଚିଲୁ ବେଢ଼ି ମମତା ପ୍ରାଚୀର
ପ୍ରାଚୀର ବେଢ଼ାରେ ଘେରା ସ୍ମୃତିର ପରିଖା
ପରିଖାରେ ଭରିଦେଲୁ ଯୁଗଯୁଗ ବ୍ୟଥା
ବ୍ୟଥା ବେଦନା ଜୀବନେ ହରାଏ କି ପ୍ରୀତି !
ପ୍ରୀତି ଆମ ଅମଳିନ ରହିଛି ସେମିତି
ସେମିତି ଦୂରତା ସିନା ଯୋଜନ ଯୋଜନ
ଯୋଜନ ନିମିଷ କରେ ନିବିଡ଼ ବନ୍ଧନ

– ଜ୍ୟୋତ୍ସ୍ନା

ଅନାବର କୃତି

ଚାନ୍ଦମୁହଁ ଯା'ର ଚନ୍ଦ୍ର ଉଦିଆ ସମାନ
ନିଃସର୍ଗ ଶୋଭାରେ ଫୁଲ୍ଲେ କୋମଳାଙ୍ଗୀ ମନ
ହଜିଯାଏ ମଜ୍ଜିଯାଏ ଭାବର ବନ୍ଧନେ
ଖେଳେ ମୃଦୁହାସ କାବ୍ୟରସ ଆକର୍ଷଣେ
ଲତା ସେ ବନିତା ସୁଶ୍ରୀ ରମ୍ୟା ଅନୁପମା
କବିତା ଛନ୍ଦରେ ସୃଜେ ଅନନ୍ୟ ଉପମା
ଛନ୍ଦମୟୀ ରୂପସୀ ସେ କୁହୁକର ଯଷ୍ଟି
ତା' ପରଶେ ରୂପପାଏ ଅନାବର କୃତି

– ସରଯୂ

ଯା ପରଶେ ରୂପପାଏ ଅନାବର କୃତି
ଯା ଚିତ୍ତରୁ ଝରିଆସେ ଅପୂର୍ବ ଭାରତୀ
କବିତା ବନିତା ଲତା ଅନୁପମା ଜ୍ୟୋତି
ଶୋଭାମୟୀ ଆଭାମୟୀ ପ୍ରେମର ଗଙ୍ଗୋତ୍ରୀ
ଅକୁହା ଅବୁଝା ସଦା ମନ ତଳ ଗୀତି
ଆତ୍ମାର ମହକ ଝୁରେ ତନୁ ଦିବ୍ୟାକୃତି
ଜଗତେ ତୁଳନା ନାହିଁ ଅମୂଲ ସମ୍ପତ୍ତି
ନିବିଡ଼ ମମତାବନ୍ଧ ଭାବାନ୍ୱିତ ପ୍ରୀତି
ଜୀବନେ ହୁଏନା ଭୁଲି ଅତୀତର ସ୍ମୃତି
ଅନିନ୍ଦ୍ୟ ଅପରାଜିତ ସେ ମୋହନମୂର୍ତ୍ତି

- ଜ୍ୟୋସ୍ନା

ସୁହାଗିନୀ

କାହା ପାଇଁ କୁହ ଏଇ ବିନିଦ୍ର ରଜନୀ
ଚନ୍ଦ୍ର ପାଖେ ପାଖେ ଯା'ର ଚାନ୍ଦିନୀ ବନ୍ଦିନୀ
ରୂପା ରଙ୍ଗେ ସ୍ନାତା ତୁମେ ସ୍ୱପ୍ନିଳ ଯାମିନୀ
ହସନ୍ତ ତାରାଫୁଲରେ ତୁମେ ସୁହାଗିନୀ

— ସରଯୂ

ସୁହାଗିନୀ ମନ ଆଜି ହୁଏ ଆନମନା
ଜହ୍ନର ରଜତ ଜ୍ୟୋସ୍ନା ବିଷର୍ଣ୍ଣା ବିବର୍ଣ୍ଣା।
ସହଜେ ଦିଏନି ଧରା କବିତା ସୁକନ୍ୟା
ଉନ୍ନିଦ୍ର ରଜନୀ ବିତେ ଲୋତକର ବନ୍ୟା।

— ଜ୍ୟୋସ୍ନା

ସ୍ମୃତି ଅନୁଭୂତି

ସ୍ମୃତି ଏକ ଅନୁଭୂତି

ସ୍ମୃତି ଏକ ଶଙ୍ଖନାଦ ସୁପ୍ତ ଚେତନାର
ସ୍ମୃତି ଏକ ଶିଳାଲେଖ ପ୍ରଚ୍ଛନ୍ନ ମନର
ସ୍ମୃତି ଏକ ମହାତୀର୍ଥ ମହାମିଳନର
ଜପିତ ଗାୟତ୍ରୀମାଳା ଆତ୍ମାନୁଭୂତିର ।।

- ଜ୍ୟୋତ୍ସ୍ନା

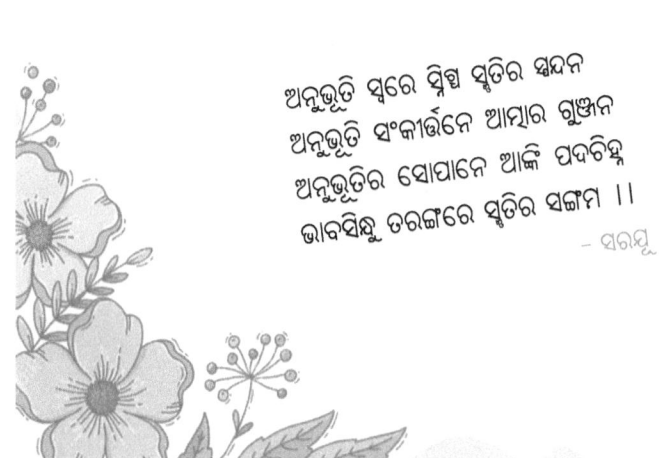

ଅନୁଭୂତି ସ୍ୱରେ ସ୍ନିଗ୍ଧ ସ୍ମୃତିର ସ୍ପନ୍ଦନ
ଅନୁଭୂତି ସଂକୀର୍ତ୍ତନେ ଆତ୍ମାର ଗୁଞ୍ଜନ
ଅନୁଭୂତିର ସୋପାନେ ଆଙ୍କି ପଦଚିହ୍ନ
ଭାବସିନ୍ଧୁ ତରଙ୍ଗରେ ସ୍ମୃତିର ସଙ୍ଗମ ।।

- ସରଯୂ

ସ୍ମୃତି ଏକ କାବ୍ୟରୂପ ତୀର୍ଥ

ସ୍ମୃତି ସେ ଅମୂଲ୍ୟ କୃତି ଶାମୁକାଗର୍ଭର
ସ୍ମୃତି ସେ ପରାଣବନ୍ଧୁ ତାପିତ ପ୍ରାଣର
ସ୍ମୃତି ସେ ଅମର ଗୀତି ଅଭୁଲା ଦିନର
ସ୍ମୃତି ସେ ସମୟତରୀ ଭାବ ସମୁଦ୍ରର

– ଜ୍ୟୋତ୍ସ୍ନା

ସ୍ମୃତି ଭାବସମୁଦ୍ରର ସମୟ ସନ୍ତକ
ସ୍ମୃତି ପ୍ରଚ୍ଛଦ ପଟର ମାୟାବୀ ନାୟକ
ସ୍ମୃତିର କାହାଣୀମାଳା ସରାଗେ ଗୁମ୍ଫିତ
ସ୍ମୃତି କୃତି ପାର୍ବଣର କାବ୍ୟରୂପ ତୀର୍ଥ

– ସରଯୂ

ସ୍ମୃତି ଏକ କୁଆଁତାରା

ସ୍ମୃତି ଏକ ନୀଳ-ଜହ୍ନ ମନଆକାଶରେ
କୁମୁଦା ଲାଜୁଆ ହସ ନୀଳ ସରସୀରେ
ସ୍ମୃତି ଏକ ତିଳ ଚିହ୍ନ କୁଆଁରୀ ଅଧରେ
ପ୍ରୀତି ହେଇ ଝରୁଥାଉ ସମୟ ବୁକୁରେ

- ଜ୍ୟୋସ୍ନା

ସମୟ ବୁକୁରେ ଅବା ଶତାବ୍ଦୀ ଅନ୍ତରେ
ପ୍ରତୀକ୍ଷିତା ସେଇ ପ୍ରୀତି ଜନ୍ମଜନ୍ମାନ୍ତରେ
ସୁଶୋଭନ ସ୍ମୃତି-ଜହ୍ନ ଜୋଛନା ରାତିରେ
କୁଆଁତାରା ସାଜି ଆଖି ମିଟିମିଟି କରେ

- ସରଯୂ

ବେଗବତୀ ନଦୀ

ବେଗବତୀ ନଦୀ ପରି
ତୁ ଯେବେ ଧାଇଁଆସୁ ମୋ କୋଠରୀକୁ
ଡାକିଦେଉ ବୀଣା ଜିଣା ସ୍ୱରେ ତୋର
'ଅପା' 'ଅପା' ବୋଲି
ମୁଁ ଯେମିତି ହଜିଯାଏ ଭିଜିଯାଏ
ତୋର ସେଇ ଭଲପାଇବାରେ
ନିବିଡ଼ ତୋ ଆପଣାପଣରେ
ମୁଁ କି ତତେ ଖୋଜୁଥିଲି ଅନେକ ଯୁଗରୁ
ସତେ କିବା ପାଇଗଲି ବାଣୀବିହାରରୁ

– ଜ୍ୟୋସ୍ନା

ବାଣୀବିହାରରୁ ଦେବୀବାଣୀ ଆଶିଷରୁ
ବୀଣାଜିଣା ସ୍ୱରେ ତୁମ ବିମୁଗ୍ଧ ଡାକରୁ
ଆଜି ସେଇ ଅନୁଭବ ଅଶେଷ ପ୍ରୀତିର
ଆଶ୍ଳେଷ ଅପାର ତୁମ ଆତ୍ମୀୟପଣର
ନିବିଡ ସେ ସ୍ନେହ ସ୍ପର୍ଶ ସ୍ୱର୍ଣ୍ଣ ଲେଖନୀରେ
ଅମାନିଆଁ ଏ ତଟିନୀ ଗତି ରୋକିବାରେ
ଆକାଂକ୍ଷିତ ଆକର୍ଷଣ ଥିଲା ସେ ଯୁଗରୁ
'ଇତି' ନୁହେଁ ଗୀତି ଆମ ଆରମ୍ଭ ଏଠାରୁ

– ସରଯୂ

କାୟା ସାଥେ ଛାୟା

କାୟା ସାଥେ ଛାୟା ପରି ଚାଲିଥାଉ ତୁ
ପଦସାଥେ ପଦ ଛନ୍ଦି ଲେଖୁଥାଏ ମୁଁ
ପ୍ରେରଣାର ଶତଦଳ ମନ ସରସୀରେ
ଭରେ ଆକର୍ଷକ ରଙ୍ଗ ଚିତ୍ରଲେଖନୀରେ
ରାସରସ ସୋପାନକୁ ଛୁଇଁଯାଏ ମୁଁ
ମୃଦୁଳ ପ୍ରୀତି ପରଶେ ଶବ୍ଦ ରଚୁ ତୁ
ଭାବର ଗୁଞ୍ଜନେ ଚିତ୍ତ ଭରିଦେଉ ତୁ
ନାଦବ୍ରହ୍ମ ମଣ୍ଡଳରେ ହଜିଯାଏ ମୁଁ
ଅଜାଣତେ ବିତିଯାଏ କେତେ ଯେ ମୂହୁର୍ତ୍ତ
ଜଣାପଡେ ନାହିଁ ଜମା ସମୟର ସର୍ତ୍ତ

- ଜ୍ୟୋତ୍ସ୍ନା

ସମୟର ସର୍ତ୍ତ ଥାଏ କର୍ତ୍ତବ୍ୟ ଆହ୍ୱାନେ
ହିସାବ ନିକାଶ ପୁଣି ପ୍ରତି ସନ୍ଧିକ୍ଷଣେ
ସରଳ ସାବଲୀଳ ସେ ସୁଲଳିତ ପଦ
ଛନ୍ଦି ଯମକ ଶବ୍ଦକୁ କରେ ଯେ ବିମୁଗ୍ଧ
ଲେଖନୀରୁଜ୍ୟୋତ୍ସ୍ନା ଝରେ ସ୍ନିଗ୍ଧଛାୟା ଗତି
ନିର୍ଝରା କାୟାରେ ଭରେ ଅନୁପମ ଶକ୍ତି
ପ୍ରତିଭା ପ୍ରବାହେ ଲୀନ ଭାବନା ଜୁଆର
ମଧୁବୋଲା ଶବ୍ଦମେଳେ ଆବେଗ ଫୁଆର
ରଚନା ରୂପେ ଝଲକେ ପ୍ରାଚୀ ଅରୁଣିମା
ଝଟକେ ଦିଗନ୍ତେ ନବ ନିର୍ମିତି ଲାଲିମା

– ସରଯୂ

ଫୁଲ ସେ ମରୁରେ

ମୋ ମନ ମରୁରେ ତୁ ଯେ ଫୁଲ ଫୁଟାଇଲୁ
ଲୁହର କବିତା ତଳୁ ହସ ଝରାଇଲୁ
ମନରେ କି ଥିଲା ତୋର ପ୍ରାରମ୍ଭର କଥା
କାବ୍ୟ କବିତାର ସେଇ ନିର୍ମିତିର ଗାଥା
କେମିତି ଚିହ୍ନିଲୁ ମତେ ଆଚମ୍ବିତ କଥା
ସେଦିନର ଝଡ଼ ବର୍ଷା ଦେଲା କି ବାରତା ?
ଏତେ ଶୀଘ୍ର କେମିତି ତୁ ଅନ୍ତର ବୁଝିଲୁ
ମମତାର ବନ୍ଧନରେ ଆପଣାର କଲୁ
ମଧୁବୋଲା ଅପା ଡାକେ ଅମୃତ ଭରିଲୁ
ପ୍ରଥମ ଦେଖାରୁ ମତେ ଭଲ ପାଇଗଲୁ

– ଜ୍ୟୋସ୍ନା

ଭଲପାଇ ଗଲି ବୋଲି ପ୍ରଥମ ଦେଖାରୁ,
ମମତାର ଶତସେତୁ ଗଢିଲି ସ୍ମୃତିରୁ
ସ୍ମୃତି ନୁହେଁ ସେ ତ ସ୍ମିତହାସ୍ୟ ସେବନ୍ତୀର
ମାଦକେ ଯା' ଝୁମେ ମନ ଆହ୍ଲାଦ ବିଭୋର
ସେଦିନ ଅନପେକ୍ଷିତ ଝଡବର୍ଷା ରାତି
ଭସାଇଆଣିଲା ଏକ ସଂଦେଶର ଗୀତି
ଆଶା ଆଶ୍ୱାସନା ଦେଲା ନବନିର୍ମିତିର
ସତେ ଅବା ଗଢିଦେବି ଦିବ୍ୟ ମରୁଝର
ଅନ୍ଧକାର ଦେଲା ମୋତେ ଆଲୋକର ଦିଶା
ପ୍ରାରମ୍ଭରୁ ଦିକିଦିକି ଜଳୁଥିଲା ଶିଖା
ଚିହ୍ନିଥିଲି ତୁମ ଶୈଳୀ ଗୀତିକବିତାରୁ
ସ୍ନେହର ଡୋରୀରେ ବନ୍ଧା ପ୍ରଥମ ଦେଖାରୁ

– ସରଯୂ

ସାନ୍ଦ୍ରତା ଲଭେ ମାଟି

ବାଣୀ ପରସାଦେ ଅମୃତ ଲଭି
ସୃଜିଲୁ କାବ୍ୟକୃତି
କବିମାନସକୁ ମୁଗ୍ଧ କରିଲୁ ରଚି
ମଧୁମୟ ଗୀତି
ଦେଖି ସ୍ତମ୍ଭିତ ଶବ୍ଦ ଚାତୁରୀ
କୁଶଳୀ କାବ୍ୟକଳା
ଅନୁପମ ଯାର ରୂପଲାବଣ୍ୟ
ଶୋଭନ ଅର୍ଥ ଲୀଳା

ସୁର ବିନା ବଂଶୀ ନୀର ବିନା ହଂସୀ
ତୋ ବିନା ବ୍ୟର୍ଥ ମୋ କୃତି
ତୋ ପରଶେ ସିନା ପୂର୍ଣ୍ଣତା ଭରେ
ସାନ୍ଦ୍ରତା ଲଭେ ମାଟି

– ଜ୍ୟୋତ୍ସ୍ନା

ସାନ୍ଦ୍ରତା ମାଟି କାବ୍ୟ ଅନୁରାଗୀ
କୋଷ ଭବ୍ୟ ଚେତନାର
ଶବ୍ଦ ବିଭବ ଅର୍ଥ କୋବିଦ
ଭାବମୋତିର ଆକର
ପ୍ରଣବର ମୃଦୁ ମନ୍ଦ୍ର ନିନାଦ
ଅପୂର୍ବ ଗୁଞ୍ଜନ ତୋଳେ
ଆଙ୍ଗିକ ନୁହେଁ ଆତ୍ମାର ସଙ୍ଗମ
ଦିବ୍ୟତା ପରଶ ଝାରେ

ଯାହା ସେ ବୋଲୁଛି, ମାନସ ରଚୁଛି,
ଲେଖନୀ ରଚୁଛି ତାହା
ଖୋଲେ ଯେବେ ସିଏ ଶବଦ ଭଣ୍ଡାର
ଅକିଞ୍ଚନ ଲଭେ ତାହା

– ସରୟୂ

ସ୍ମୃତି ସେ ଆକାଶଦୀପ

ସ୍ମୃତି ସେ ମହକ ବାଣ୍ଟେ ଫାଲ୍ଗୁନ ସ୍ପର୍ଶରେ
ରଙ୍ଗ ମାଖେ ଦିନୁଦିନ ସମୟ ଅଙ୍ଗରେ
ସ୍ମୃତି ସେ ଗୋପନ ଚିଠି ମୁଦା ଲଫାପାରେ
ବତୁରା ବତୁରା ଭାବ ଅବ୍ୟକ୍ତ କୋହରେ
ବୁକୁ ତଳେ ଚାପିରହେ ବେଦନାଗୁହାରେ
ସ୍ମୃତି ସେ ଆକାଶଦୀପ ଘନ ତମିସ୍ରାରେ

– ଜ୍ୟୋତ୍ସ୍ନା

ସ୍ମୃତି ସେ ଆକାଶଦୀପ ଘନ ତମିସ୍ରାରେ
ଅୟୁତଯୁଗର ତୃଷ୍ଣା ଖଦ୍ୟୋତ ମନରେ
ସ୍ମୃତି ସେ ନିଆନବତୀ ଅନ୍ଧାର ଗଳିରେ
ଶତରୂପା ମନ୍ତ୍ରମୁଗ୍ଧ ଗଭା ଗଜରାରେ
ସ୍ମୃତି ସେ ସାଜେ ମେନକା ଘନବନାନୀରେ
ମହମହ ମହକିତ ଗିରିମଲ୍ଲିକାରେ
ସ୍ମୃତି ଜଳେ ବତୀଘର କିରଣରେଖାରେ
ନାବିକବନ୍ଧୁର ବଲ୍ଲା ଅରକ୍ଷ ରକ୍ଷାରେ
ସ୍ମୃତି ସେ ମୁହଁ ଲୁଚାଏ ନିୟୁତ ଗାଥାରେ
ଅପହଞ୍ଚ ଦିଶାହୀନ ଭବପଣତରେ
ସ୍ମୃତି ସେଇ ପୂତମନ୍ତ୍ର ଯଜ୍ଞବେଦୀପରେ
ସାକ୍ଷୀ ଭବ୍ୟ ଭାବନାର ଯୁଗଯୁଗାନ୍ତରେ

– ସରଯୂ

ଯକ୍ଷନଗରୀ ରାଜକନ୍ୟା ତୁ

ଯକ୍ଷନଗରୀ ରାଜକନ୍ୟା ତୁ
କବିତାରେ ହେଲୁ ମଗ୍ନ
ସଙ୍ଗୀତ ସୁରେ ନିଜକୁ ହଜାଇ
ତାଳରେ ଲୟରେ ଲଗ୍ନ

ରୂପସୀ ବିଦୁଷୀ ଜ୍ଞାନର ସରସୀ
ବିତରୁଛୁ ଜ୍ଞାନ ରତ୍ନ
ମଣିଷ ପରିକା ମଣିଷ ହେବାର
ବ୍ରତରେ କରିଛୁ ଯତ୍ନ

ସାରା ଜଗତକୁ ଆପଣାର କରି
ବାଣ୍ଟିଛୁ ବାସ ଚନ୍ଦନ
ସବୁରି ହୃଦୟେ ଭରି ଦେଇଛୁ ତୁ
ମମତା ମଧୁସ୍ପନ୍ଦନ

– ଜ୍ୟୋତ୍ସ୍ନା

ମମତାର ମଧୁସ୍ପନ୍ଦନ ଆବେଗେ
ଅନୁରାଗ ପ୍ରଭଞ୍ଜନ
ପ୍ରଜ୍ୱଳିତ ମନେ ସହସ୍ରଧା ଜ୍ୟୋତି
ଜାଗେ ସ୍ୱପ୍ନେ ପ୍ରଲୋଭନ

ଯକ୍ଷନଗରୀର ନନ୍ଦନବନରେ
ସୌଗନ୍ଧିକା ସଉରଭ
ବାତୁଳି ଲେଖନୀ କବିତା କାମିନୀ
ଲଭେ ଭାବ ପ୍ରତିବିମ୍ବ

ଯକ୍ଷଗାନର ଅମୃତ ଝଙ୍କାରେ
ତନ୍ମୋରା ତାର ଗୁଞ୍ଜନ
ମଜ୍ଜିଯାଏ କାହିଁ ମୋ ଲକ୍ଷ୍ୟ ସରଣୀ
ହଜେ ଏ କବି ପରାଣ

– ସରଯୂ

ସମୟର ଶେଷ ପାହାଚରେ

ନିଃଶବ୍ଦରେ କେହିଜଣେ
ଗୁଣୁଗୁଣୁ ଗୀତ ଗାଏ
ବିଭୋର ବି କରୁଥାଏ
ଏ ଜୀବନ ମରୁ ଉଦ୍ୟାନରେ

ହୃଦୟେ ଆବେଗ ଦିଏ
ଆଶା ଦୀପାଳୀ ଜଳାଏ
ଦିବାନିଶି ବିତିଯାଏ
ପ୍ରାପ୍ତି ଅନ୍ୱେଷାରେ

ଖୋଜି ଖୋଜି ଥକିଯାଏ
ମିଳେନାହିଁ ଦେଖା ତାର
ଆଜି କିନ୍ତୁ ଅଚାନକ ଭେଟହୁଏ
ଦିବ୍ୟ ରୂପ ପ୍ରକାଶରେ
ସମୟର ଶେଷ ପାହାଚରେ

— ଜ୍ୟୋସ୍ନା

ସମୟର ଶେଷ ପାହାଚରେ
ଶୁଭେ ତା'ର ଧୀର ପଦଧ୍ୱନି
ନିଃଶବ୍ଦରୁ ଶବ୍ଦର ସଂଳାପ
କଣ୍ଠେ ମଧୁବନ୍ତୀର ଆଳାପ

ଆହ୍ଲାଦିତ ଲଳିତ ଗୁଞ୍ଜନ
ମଧୁବୋଲା ସୁନୃତ ସିଞ୍ଜନ
ସୃଷ୍ଟି କରେ ଆଶା ମରୁଝର
ନାଗଫେଣି ମରୁଉଦ୍ୟାନର

ଧିମି ଧିମି ସୁଗନ୍ଧ ପସାରେ
ଜୀବନକୁ ମନ୍ତ୍ରମୁଗ୍ଧ କରେ
ମୋହ ଆଉ ନିର୍ମୋହ ସୀମାରେ
ଭେଟ ହୁଏ ଅନ୍ତିମ ପ୍ରହରେ

- ସରଯୂ

ପୁନେଇଁ ରାତି

ପାହାନ୍ତି ଉଷାର ପ୍ରଥମ କିରଣ
ତୋ ତନୁକୁ ଯେବେ ଛୁଇଁବ
କୁଆଁରପୁନେଇ କୁଆଁରୀ ମନର
ସ୍ମୃତିସବୁ ଚେଇଁ ଉଠିବ

କେତେ ସାଙ୍ଗସାଥୀ କେତେ ସ୍ନେହପ୍ରୀତି
ସବୁ ଭାସି ଭାସି ଆସିବ
ଗୋଟି ଗୋଟି ହୋଇ ନିରେଖି ଚିହ୍ନିବୁ
ତୋ ଓଠରୁ ହସ ଝରିବ

– ଜ୍ୟୋସ୍ନା

ସ୍ମୃତି ଅନୁଭୂତି

ମୋ ଓଠରୁ ହସ ଝରିବ
ଉଦାସୀ ମନ ବି ଝୁରିବ
ଗତାୟୁଜଡ଼ିତ ଅନୁଭବ ସବୁ
ଆନନ୍ଦାଶ୍ରୁ ହେଇ ବୋହିବ

ମୋ ତନୁକୁ ଯେବେ ଛୁଇଁବ
ସ୍ମୃତିଭିଜା ପ୍ରୀତି କ୍ଷରିବ
ଦୂର ଅତୀତର ପ୍ରିୟସଙ୍ଗୀ ସ୍ୱପ୍ନେ
ଅଭଙ୍ଗର ଶ୍ଳେଷ ରଚିବ

ଭାସି ଭାସି ଦୂରୁ ଆସିବ
ହୃଦୟ କନ୍ଦର ଭିଜିବ
ସ୍ମୃତିଆଇନାରେ ଛବି ତୋଳିଦେଇ
ଚିହ୍ନିବାକୁ ମନ ଖୋଜିବ

ସ୍ମୃତିସବୁ ଜୀଇଁ ଉଠିବ
ଶାରଦୀୟ ଜହ୍ନ ଉଇଁବ
ସୁଦୂର ମୈତ୍ରୀର ପ୍ରେରଣାନିନାଦ
ଜୀବନେ 'ଜଲସା' ଭରିବ

– ସରଯୂ

ସ୍ମୃତିଦର୍ପଣ

ସ୍ମୃତି ଏକ ରାଜକନ୍ୟା
ଖିଲି ଖିଲି ହସୁଛି
ନିରେଖି ଚାହିଁଲେ ଆଖି
ମିଟି ମିଟି କରୁଛି
ଶେଯରୁ ଅଳସ ଭାଙ୍ଗି
ଉଠି ଯେବେ ବସୁଛି
ନା ଶୁଆଇ ଦେଉଛି
ନା ନିଜେ ଶୋଉଛି
ଗୁଣୁଗୁଣୁ ଗୀତ ଗାଇ
ହୃଦୟକୁ ମୋହୁଛି
ଚୁପି ଚୁପି କାନରେ ମୋ
ମନ କଥା କହୁଛି
ଅଭୁଲା ଦିନକୁ ମୋର
ସାଉଁଟି ସେ ରଖୁଛି
ଅଲିଭା ଅକ୍ଷରେ ବସି
ଇତିହାସ ରଚୁଛି

– ଜ୍ୟୋସ୍ନା

ଇତିହାସ ରଚୁଛି
ସେ ଇତିହାସ ରଚୁଛି
ସମୟର ହାତ ଛନ୍ଦି
ସ୍ମୃତି ପଥ ଚାଲିଛି

ଋତୁରାଜ ଆଗମରେ
ଉଲ୍ଲସିତା ହୁଏ ସେ
ପ୍ରଫୁଲ୍ଲ ଫୁଲ୍ଲରେ ଖୋଜେ
ମଧୁର ମହକ ସେ

ଋତୁଚକ୍ର ବଳୟରେ
ସ୍ପର୍ଶେ ବିବିଧତାକୁ
ସମୟ ଦରପଣରେ
ଖୋଜେ ନିଜେ ନିଜକୁ

- ସରଯୂ

ସ୍ମୃତିସିକ୍ତ ମୁହୂର୍ତ୍ତ

ସ୍ମୃତି ଗୁଞ୍ଜରିତ ହୁଏ
ସୁଧାଧାରେ କୋମଳ ଗାନ୍ଧାରେ
ଦିଶି ଯାଏ ଭିଜା ଆଖି
ନିରିମଳ ନୀଳ ଦର୍ପଣରେ
ସ୍ମୃତିର ମୁହୂର୍ତ୍ତ ସବୁ
ମୁଗ୍ଧ କରେ ଏମିତି ବେଳାରେ
ସୁକୁମାରୀ ଖେଳୁଥାଏ
ମୁଠା ମୁଠା ଅବିର ସାଥୀରେ
ସାରାଦିନ ହସୁଥାଏ
ରିମି ଝିମି ପ୍ରୀତି ବରଷାରେ
ଭିଜୁଥାଏ ବିଭୁଙ୍କର
ମଧୁସିକ୍ତ ଆଶୀଷ ଧାରାରେ

– ଜ୍ୟୋସ୍ନା

ସ୍ମୃତି ଅନୁଭୂତି

ଭିଜୁଥାଏ ସିଏ ବି ତ ସାଗର ବେଳାରେ
ଶାମୁକାର ମୋତି ସମ ସିକତା ଶେଯରେ
ବୋଳି ହେଇ ଫିକା ଫିକା ସିନ୍ଦୁରି ରଙ୍ଗରେ
ଝୁଲୁଥାଏ ହସନ୍ତ ସେ ପ୍ରୀତି ଝୁଲଣରେ
ତୃପ୍ତିର ଓଢ଼ଣା ଟାଣି ସ୍ମୃତି ସୀମନ୍ତରେ
ଧିମି ଧିମି ପାଦ ଥାପେ ଲାଜୁଆ ଭଙ୍ଗୀରେ
ମୋହନ ମୋହକ ଭାବ ତା'ର କଟାକ୍ଷରେ
କିବା ସେ କୁନ୍ଦସ୍ତବକ ନନ୍ଦନବନରେ

– ସରଯୂ

ସ୍ମୃତି ସେ ସୁବର୍ଣ୍ଣଲିପି

ସ୍ମୃତି ଏକ ମଧୁଋତୁ
ସମୟ ଚକ୍ରରେ
ସ୍ମୃତି ଏକ ମିଠାବାସ୍ନା
ଆମ୍ବବଉଳରେ,
ସ୍ମୃତି ସେ ବିରହୀପ୍ରିୟା
ଆଦ୍ୟ ଆଷାଢରେ
ସ୍ମୃତି ଏକ ଶିହରଣ
ମଧୁମିଳନରେ
ସ୍ମୃତି ସେ ପୂର୍ଣ୍ଣମୀ ଇନ୍ଦୁ
ମନ ଆକାଶରେ
ସ୍ମୃତି ସେ ଶିଶିର ବିନ୍ଦୁ
ଶୀତ ସକାଳରେ
ସ୍ମୃତି ପାରିଜାତ ମାଳା
ଆପଣା ଗଳାରେ
ସ୍ମୃତି ସେ ସୁବର୍ଣ୍ଣ ଲିପି
ସମୟ ପୃଷ୍ଠାରେ

- ଜ୍ୟୋସ୍ନା

ସ୍ମୃତି ଅନୁଭୂତି

ସ୍ମୃତି ସେ ସୁବର୍ଣ୍ଣ ଲିପି
ସମୟ ପୃଷ୍ଠାରେ
ଇତିହାସ ରଚେ ସିଏ
ଅନୁଭୂତି ସ୍ୱରେ
ସ୍ମୃତି ଏକ ପାରିଜାତ
ନନ୍ଦନବନରେ
ସ୍ମୃତି ମଧୁର ଚୁମ୍ବନ
ମଧୁପ ଓଠରେ
ସ୍ମୃତି ସେ ବତୁରା ବାସ୍ନା
ମାଟିର ଗନ୍ଧରେ
ସ୍ମୃତି ଇନ୍ଦ୍ରଧନୁ ରଙ୍ଗ
ଖରା ବରଷାରେ
ସ୍ମୃତି ସେ ବାଳିକାବଧୂ
ଓଢଣା ଆଡରେ
ସ୍ମୃତି ସେ ଚିତ୍ର ଆଭାସ
ଆଶା ଆଇନାରେ
ସ୍ମୃତି ଅନୂଢାର ସ୍ୱପ୍ନ
ସପନପୁରୀରେ
ସ୍ମୃତି ସେ 'କୁଙ୍କୁମବିନ୍ଦୁ'
'ସତୀ' ସୀମନ୍ତରେ

– ସରଯୂ

ମନଯାଏ ଉଡ଼ି ଉଡ଼ି

ଚକ ଯାଏ ଗଡ଼ିଗଡ଼ି
ମନଯାଏ ଉଡ଼ି ଉଡ଼ି
ଯେଉଁଠି ପାଏ ସେ
ମମତା ମଳୟ
ଅନୁରାଗେ ଭରା
ବନ୍ଧନ ବଳୟ
ବସିଯାଏ ଘୋଡି ଘାଡି
ମନସାଥେ ମନ ଯୋଡି

- ଜ୍ୟୋସ୍ନା

ମନ ସାଥେ ମନ ଯୋଡିଲେ ବିଶ୍ୱରେ
ସୃଜେ ମମତା ପିଞ୍ଜର
ହୃଦ ବନ୍ଧାହୁଏ ପ୍ରେମର ଡୋରୀରେ
କ୍ଷରେ ମାନବତା ଝର
ସମୟର ଚକ ଗଡ଼ିଯାଏ ସିନା
ରଖି ସ୍ମୃତିର ସନ୍ଦେଶ
ଯୁଗ ଝୁରେ ଜନମାନସରେ ସଦା
ପ୍ରୀତି ମଳୟ ପରଶ

- ସରଯୂ

ସପନ କାହିଁକି ଦିଅ

ଏମିତି ମନଟେ ଦିଅ ତୁମେ ମୋତେ
ଏମିତି ମନଟେ ଦିଅ
ଯେଉଁ ମନ ମୋର ଝୁରୁଥିବ
ତୁମ ଚନ୍ଦ୍ରଉଦିଆ ମୁହଁ
ଏମିତି ହୃଦଟେ ଦିଅ ମୋତେ
ତୁମେ ଏମିତି ହୃଦଟେ ଦିଅ
ଯେଉଁ ହୃଦୟରେ ସାଇତା ସ୍ମୃତି ମୋ
ଲେଖୁଥିବ ଆଖିଲୁହ
ଅନ୍ତରେ କାନ୍ଦିବି ବାହାରେ ହସିବି
ଏ କି ପରିଚୟ କୁହ
କପାଳରେ ଯଦି ଲେଖିନାହିଁ ସୁଖ
ସପନ କାହିଁକି ଦିଅ

– ଜ୍ୟୋତ୍ସ୍ନା

ସ୍ମୃତି ଅନୁଭୂତି

ସପନ ଭରା ମୋ ନୟନ ଯୁଗଳେ
ସୁଖ ଅଶ୍ରୁ ଭରିଦିଅ
ପୁଲକ ପ୍ରାଚୁର୍ଯ୍ୟ ଧୋଇବ ବେଦନା
ଅନ୍ତରୁ ଦୁଃଖର କୋହ
ଅବଗାହିବି ମୁଁ ପ୍ରୀତି ପାରାବାରେ
ଉଜାଣି ରହିବ ଦୂରେ
ସାଇତା ସ୍ମୃତିରେ କାହାଣୀ ରଚିବି
ଭାବନାର କଲମରେ
ହୃଦପେଟି ଭରା ବିରହର ଲୁହେ
ଅୟୁତ ମିଳନ ଆଶେ
ମନ ଆଇନାରେ ଚାନ୍ଦମୁହଁ ତୁମ
ଝଲସିବ ମଧୁଭାଷେ

– ସରଯୂ

ମମତାର ମଧୁଝର

ସାଦରେ ହୃଦୟେ ସାଇତି ରଖିଲି
ଶୁଭେଚ୍ଛା ସୁମନ ତୋର
ଅପୂର୍ବ ଶୋଭାରେ ବିମଣ୍ଡିତ କୃତି
ସ୍ମୃତିର ଅଲିଭାଗାର
ସପ୍ତରଙ୍ଗେ ଭରା ପ୍ରୀତିପଲ୍ଲବିନୀ
ମନ ଉପବନେ ହସେ
ମମତା ବନ୍ଧନେ ଚିତ୍ତ କମଳିନୀ
ମହକିତ ମଧୁ ବାସେ

- ଜ୍ୟୋସ୍ନା

ସପ୍ତରଙ୍ଗ ବୋଳା ପ୍ରୀତି ଝରେ ବହି ଆସେ
ବୁକୁଚିରି ବାଦଲର ଜୋଛନା ରୂପରେ
ମମତା ରେଶମୀବନ୍ଧ ଧୀରେ ଆପଣାଏ
ହୃଦୟ ନିଧିକୁ ତା'ର ସ୍ମୃତି ଗନ୍ତାଘରେ
କ୍ଷଣେ ଭରେ ମାଦକତା କରେ ମତୁଆଲା
ମୋହ ଭରା ପ୍ରେମସିକ୍ତ ମାଟିର ପିଆଲା
କ୍ଷଣେ କରେ ବିଚଳିତ ଭରେ ଆଲୋଡନ
ଅନକହି ଅନାବର ହୃଦୟ ତନ୍ତ୍ରୀରେ
କିଏ କହେ ମମତାଟା ଅବୁଝା ଝିଅଟେ
ଚିହ୍ନେନି ତା' ସଖୀ ସ୍ନେହ, ପ୍ରୀତି ଭାବନାରେ
ସିଏ ପରା ରଙ୍ଗବତୀ ରୂପସୀ ତରୁଣୀ
ସଦା ଆନମନା ରାସ ରସର ରଙ୍ଗରେ

– ସରଯୂ

ଯାତନା ବଳୟ

ମାହେନ୍ଦ୍ର ବେଳାରେ ସେଇ ମଧୁକ୍ଷରା ସ୍ମୃତି
ସ୍ମୃତି ସେ ଚିର ଅଭୁଲା ହୃଦଭରା ଗୀତି
ଗୀତି ଆହ୍ଲାଦିତ କରେ ପ୍ରାଣ ଛୁଇଁ ଯାଏ
ଛୁଇଁ ଦିଏ ଅନ୍ତର୍ମନ ଅଳିନ୍ଦ ନିଳୟ
ଲୟ ତାଳ ସୁର ତାନେ ଦୁଃଖ ଭୁଲିହୁଏ
ଭୁଲିହୁଏ ଏଂ ଜୀବନେ ଯାତନା ବଳୟ

– ଜ୍ୟୋସ୍ନା

ଯାତନା ବଳୟେ ଛନ୍ଦା ସ୍ମୃତିର ପାଉତି
ପାଉତି ସେ ବହୁମୂଲ୍ୟ ସଂଖ୍ୟା ଅଗଣତି
ଅଗଣତି ଅନୁଭବ ମନେ ପ୍ରତିକୋଣ
କୋଣେ ଅନୁକୋଣେ ଭରା ଭାବପୂର୍ଣ୍ଣ କ୍ଷଣ
କ୍ଷଣିକେ ଆନନ୍ଦ ଭରେ କ୍ଷଣିକେ ଲୋତକ
ଲୋତକର ଝର ଅନୁଭୁତିର ଦ୍ୟୋତକ

– ସରଯୂ

ଅଂଶ: ୪

ଖୋଜୁଥାଏ ତୋତେ

ଗହଳିରେ ଲୁଚିଯାଉ
ବିଜନରେ କଥାହେଉ
ଗୁଣୁଗୁଣୁ ଗୀତ ଗାଉ
ନୀରବରେ ଝୁରୁଥାଏ ତୋତେ
କେତେ ଦୁଃଖ ଜୀବନରେ
ଲୁହ ଲହୁ ହୋଇ ଝରେ
ଏକା ଏକା ଚାଲୁ ଚାଲୁ
ଥକିଯାଏ ଯେବେ
ମନେପଡୁ ଖୋଜୁଥାଏ ତୋତେ

— ଜ୍ୟୋସ୍ନା

ଖୋଜୁଥାଏ ତୋତେ ଯେବେ
ନିରୋଳା ବେଳାରେ
ଅନୁକମ୍ପେ ଛାୟା ତୋର
ମୋହରି କାୟାରେ
ବିଥୀ ବିଥୀ ବିପିନ ବିଭାରେ
ଖୋଜେ ତୋର ଗୁଞ୍ଜନରେ
ପ୍ରଶାନ୍ତିର ସୁର
ନିଃଶବ୍ଦ ବ୍ୟଥାରେ ଭରା
ହୃଦୟ ମହ୍ଲାର
ଅଙ୍ଗେ ଅଙ୍ଗେ ଅନୁଭବେ
ଅକୁହା କମ୍ପନ
ଶୂନ୍ୟତାରେ ଲଭେ ମୁଁ ପୂର୍ଣ୍ଣତା
ଅଣିମାରେ ପ୍ରଥିମାର ସତ୍ତା

– ସରଯୂ

ଅନ୍ତରଙ୍ଗ ଦିନ

ମନେପଡ଼େ ସେଇ ଅନ୍ତରଙ୍ଗ ଦିନ
ଦୂର ଅତୀତର ସ୍ମୃତି ଚିରନ୍ତନ
ମୁହୂର୍ତ୍ତ ମୁହୂର୍ତ୍ତ କୁହୁକ କାହାଣୀ
କିଏ ବା ପାରିବ ତୋ ପରି ବଖାଣି
ଅନନ୍ତଭଣ୍ଡାର ତୋ ହୃଦୟ ପେଡି
ମମତାର ନିଧି ରଖିଛୁ ସଜାଡି
ଭାବରେ ଶ୍ରୀମନ୍ତ ଦରଦୀ ତୋ ମନ
ବିଧାତାର ଗଢା ଅପୂର୍ବ ସୃଜନ
ହୃଦୟରେ ଲେପୁ ଅଗରୁ ଚନ୍ଦନ
ମହକାଉ ନିତ୍ୟ ମୋ ନନ୍ଦନବନ

- ଜ୍ୟୋସ୍ନା

ନନ୍ଦନବନରେ ଫୁଲ ଫୁଟାଇଲ
ଚନ୍ଦନମହକେ ପ୍ରୀତି ବୋଳିଦେଲ
ହୃଦପେଟିକାରେ ବଇଦୁର୍ଯ୍ୟ ଭରିଲ
ପ୍ରେମକୁହୁକରେ କୁଞ୍ଚି ଫିଟାଇଲ
କି ଯତନେ ତାକୁ ତୂଳୀ ସ୍ପର୍ଶ ଦେଲ
ବିନ୍ଧାଣିରୂପରେ ଜୀବନ୍ୟାସ ଦେଲ
ସ୍ୱପ୍ନ କାନ୍ ଭାସେ ଚିତ୍ର ଆଙ୍କିଦେଲ
ଶୂନ୍ୟ ଇଲାକାରେ ରଙ୍ଗ ମାଖିଦେଲ
ଅନ୍ତର ମନକୁ କୋଳାଗ୍ରତ କଲ
ମମତା ଡ଼ୋରିରେ ହୃଦୟ ବାନ୍ଧିଲ

– ସରଯୂ

ସଖିତା ସ୍ୱାକ୍ଷର

ଅନାବିଳ ଅନ୍ତରଙ୍ଗ ବନ୍ଧୁତା ଆମର
ଅନିନ୍ଦିତ ଅତୁଳିତ ମମତା ସ୍ୱାକ୍ଷର
ବୁଝିହୁଏ ନ କହିବି ହୃଦ ପରସ୍ପର
ପଢିହୁଏ ହସଲୁହ ଆନନ୍ଦଜୁଆର
ବାଣ୍ଟିହୁଏ ସୁଖଦୁଃଖ ବେଦନାର ଭାର
ଦୁର୍ଲଭ ସତରେ ଏଇ ପ୍ରାପ୍ତି ଜୀବନର

ଜ୍ୟୋସ୍ନା ଓ ସରଯୂ

BLACK EAGLE BOOKS

www.blackeaglebooks.org
info@blackeaglebooks.org

Black Eagle Books, an independent publisher, was founded as a nonprofit organization in April, 2019. It is our mission to connect and engage the Indian diaspora and the world at large with the best of works of world literature published on a collaborative platform, with special emphasis on foregrounding Contemporary Classics and New Writing.